CW00402782

CHRISTINE DE LUCA is a Shetlander, livir
English and Shetlandic, her mother to
have previously been published by the ......
won the Shetland Literary Prize, since discontinued. The poem 'Makkin
Sooth Eshaness' in *Parallel Worlds* won the 2004 Rhoda Bulter Dialect
Prize. Recently (2004), Hansel Cooperative Press published her poetry
pamphlet, *Drops in Time's Ocean*. This pamphlet is a sequence of poems
based on the lives of eight generations of her father's family.

Some of her poems have been translated into Italian, Norwegian
Icelandic, Finnish, Estonian, Latvian, Swedish, Danish, Polish, Austrian
German, Welsh, and even into English. Many poems appear in anthologies
including *Modern Scottish Women Poets* (Canongate, 2003) and *The
Edinburgh Book of Twentieth-Century Scottish Poetry* (Edinburgh University
Press, 2005) and *A Shetland Anthology* (Shetland Publishing Company,
1998).

She has had fruitful collaborations across the arts and has been an
active member of Shore Poets in Edinburgh for many years. Currently she
is working on children's storybooks and CDs in Shetlandic. More informa-
tion is to be found at www.christinedeluca.co.uk.

*For Iseabail
with admiration & love
Christine  xo*

# Parallel Worlds

## Poems in Shetlandic and English

CHRISTINE DE LUCA

*Christine De Luca*

**Luath** Press Limited

EDINBURGH

www.luath.co.uk

First published 2005
Reprinted 2008

The paper used in this book is recyclable. It is made from
low-chlorine pulps produced in a low-energy, low-emission manner
from renewable forests.

The publisher acknowledges subsidy from

towards the publication of this book.

Printed and bound by
Bell & Bain Ltd., Glasgow

Typeset in 10.5 point Sabon by 3btype.com

*for Daniel*
*an acht ta awn* *

\* *a godsend, good to have around*

# Acknowledgements

Many people have nurtured this collection, for which I am most grateful. Some of the poems have appeared in the following:

LITERARY MAGAZINES, BROADSHEETS AND WEB-BASED MAGAZINES
*Ice Floe, Words Without Borders, Transcript, Chapman, Lallans, The New Shetlander, Island, Northwords, Poetry Scotland, Eildon Tree, Green Shoots*

ANTHOLOGIES:
*The Hand that Sees – poems for the quincentenary of the Royal College of Surgeons of Edinburgh*, edited by Stewart Conn, The Royal College of Surgeons of Edinburgh in association with the Scottish Poetry Library, 2005
*Handfast*, edited by Lizzie MacGregor, The Scottish Poetry Library in association with Polygon, 2004
*Milking the Haggis, New Writing Scotland 21*, edited by Valerie Thornton and Hamish Whyte, Association for Scottish Literary Studies, 2004
*The Pull of the Moon, New Shetland Writing,* edited by Donald Anderson and Alex Cluness, Shetland Arts Trust, 2004
*Still Life*, edited by Laureen Johnson and Dorothy Sinclair, Shetland Arts Trust, 2003
*Such Strange Joy*, edited by Allan Crosbie, Iynx, 2001
*Love for Love*, edited by John Burnside and Alec Finlay, Pocketbooks, 2000
*Wish I Was Here*, edited by Kevin MacNeil and Alec Finlay, Pocketbooks, 2000

Three of the poems have also been commissioned by BBC Radio Scotland to celebrate National Poetry Day.

I am particularly indebted to Stewart Conn for his diligent reading of the manuscript and to Gunnie Moberg for permission to use her stunning image in the cover design. This photograph originally appeared in *Orkney, Pictures and Poems* (1996). I am grateful to fellow poet Basil du Toit for the quotation from his review of one of my previous poetry collections and for his quiet encouragement over the years.

I also wish to thank Elin ap Hywel, Arne Ruste, Gösta Ågren and Amy Crawford for permission to include dialect translations of their poems; and Jill Turnbull for permission to include a dialect translation of one of her husband Gael's poems. Some of these translations owe their existence to an opportunity afforded by Literature Across Frontiers in partnership with The Scottish Poetry Library.

Finally, my thanks to Brian Smith for his helpful comments on the introduction and Veronica Smith for checking my understanding of French.

# Contents

# Introduction to Shetlandic

*'The lines are fallen unto me in pleasant places: yea, I have a goodly heritage'*                              Psalm 16

TO BE BORN AND BRED a Shetlander is indeed to have, as the psalmist said, a 'goodly heritage'. Not only is the landscape inspirational and the character of its people hammered out finely on an anvil of continuity and change, but the language of the islanders is also unique.

By writing in Shetlandic as well as in English I wish to pay homage not just to the people and landscape which formed me, but to the language – or dialect – which allowed me expression. In an era in which the world is ever more Anglophone and cultural difference less distinctive, I feel it is important that we build our various identities confidently on home soil. So, while I am comfortable with all my various identities – as a European, as a British citizen and as a Scot – the identity with most emotional reality for me is the Shetland one. Identities stack like Russian dolls and peeling off the layers to get to the heart is essential.

One could argue that, in these days of mass communication, there is little point in writing in such a minority tongue. However, if that tongue is capable of a wide range of expression as well as giving voice to myriad functional conversations, then, I would argue, it could be seen as a linguistic gem: a gem to be worn, looked after, valued and passed on.

Recently I had the opportunity of taking part in a translation event with writers from several Nordic countries. They expressed the view that there was more difference between Shetlandic and Standard English (both written and spoken) than between their languages, for example between Danish and Swedish. This did not surprise me. So just what is this Shetland dialect? And where did it come from? And why is it so distinctively different from English and even Scots?

Shetland, along with Orkney, was politically and economically part of the Scandinavian world until 1469. In that year both island groups were handed over to Scotland by Denmark as the dowry pledge of the Danish Princess Margaret who married James III of Scotland. In Shetland at that time the language spoken, known as Norn or Norrøne, was a variant of the Scandinavian family of tongues.

Much later, around the end of the 19th century, the Faeroese scholar, Jakob Jakobsen, was to spend time in Shetland researching the remnants of Norn. While he may have believed Shetlandic to be 'the palest reflection of its Scandinavian cousins',[1] nevertheless he found 10,000 words of Norn origin still extant. Even today, we come across words of northern origin still in use which he did not list: an example is the word 'taing', which means a flat tongue or small point of land projecting into the sea.

So while the modern Shetland dialect is quite different from Norn,[2] there is no denying the influence of Norn, particularly on our range of vowel sounds and on the rich vocabulary. Jakobsen's *Dictionary of the Norn Language in Shetland*[3] was reprinted by the Shetland Folk Society in 1985, and continues to be a wonderful resource for both native speakers and those interested in linguistics.

However, the construction of modern Shetlandic has much in common with Scots, which, in turn, links strongly with English. Indeed, the roots of all languages seem wondrously intermingled.

Reading the 18th century Scots of Burns and even that of Henryson, the 15th century Scots poet, one can sense a strong link with the Shetland speech of today. One reviewer of my poetry wrote

*There is something both old and freshly invented about these Shetland strains – an intriguing blend (to my African ears) of Tolkien, Scots, Lewis Carroll and Chaucer.* Lines Review No 144.

The Scots arrived in Shetland in considerable numbers towards the

---

[1]  Smith, B. 2004, *Wir ain auld language: attitudes to the Shetland dialect since the nineteenth century*. (Unublished paper presented to the 2004 conference on the dialect.)

[2]  Smith, B. 2004, op.cit.

[3]  Jakobsen, J, 1928 & 1932, *Dictionary of the Norn language in Shetland*, Shetland Folk Society

end of the 16th century. They appropriated land, over-ruling Scandinavian laws and the land tenure system. In their wake came merchants and the church with its educational wing. All these were powerful instruments of change. Anyone wishing to advance would have to have learned to speak Scots and later English. Non-English speaking came to be frowned upon, particularly in schools. John Graham, in his most useful Shetland Dictionary[4] (now in its 4th edition), quotes a minister in the late 17th century writing about the speech of the people of the parish of Cunningsburgh. This minister wrote that they 'seldom speak other (than Norn) among themselves, yet all of them speak the Scots tongue more promptly and more properly than generally they do in Scotland'. Today, it could perhaps be said that Shetlanders speak dialect among themselves and all of them speak English fairly promptly, even if with a strong Shetland accent.

So it might be said that the modern Shetland dialect evolved to accommodate much cultural and economic change. More recently it has been subjected to a faster pace of change. The influx of thousands of people, mainly English and Scots, during the oil developments of the 1970s coincided with a period of increasing influence of the mass media. Indeed, so great were these changes, that there was a feeling that the dialect was in terminal decline. However, it has survived and is still vibrant.

Shetland is home to a lively literary community and a literature-sensitive populace. Dialect writing – prose, drama, song lyric and poetry – is central to that heritage. It has been well served over many years by the quarterly magazine *The New Shetlander*, which is the longest established literary journal in Scotland, dating from 1947. One of its current editors, Brian Smith, in his scholarly paper on the dialect, asserts that, since the Second World War,

*dialect writing in Shetland, in prose and verse, has shown every sign of good health ... The key evidence that Shetland dialect is in good, challenging form is its literature. That*

---

[4]  Graham, J.J. 1979, *The Shetland Dictionary*, The Thule Press

*growing body of work reflects and portrays modern Shetland. And it doesn't just reflect; it alters the way that Shetlanders speak to each other about the world and its travails.*[5]

Culturally, the dialect is splendidly inclusive. Speaking it is not seen as a sign of social inferiority and incomers to the islands often demonstrate assimilation by allowing their children to use it. What is important is that children learn to speak both their mother tongue and English well, and to know when one is more appropriate than the other. Having two ways of speaking at one's disposal, and several registers, is true linguistic wealth. It helps children understand, at an early age, that there is more than one way of describing and feeling; that language learning is a vital tool for understanding other cultures and that languages vary in structure and sound.

So what are the particular features of the Shetland dialect? Its distinctiveness is partly about vocabulary, but also about grammatical structure and pronunciation. Shetlanders are fortunate in having had a publication to guide them in these matters since 1952.[6]

To English speakers, perhaps the most noticeable difference would be in the use of two forms of the pronoun 'you'. The familiar form 'du' lends subtlety to the language. With this familiar form we have 'dee' (objective), 'dy' and 'dine' (possessive). 'Du' takes the singular form of the verb, eg 'Is du?' rather than 'Are you?'

Indeed the 'd' sound is particularly common and helps give a resonance to speech. It generally replaces 'th', whether voiced (as in 'the', 'this') or unvoiced (as in 'mother', 'weather'). A 'th' at the end of a word however is usually replaced with 't' as in 'aert' for 'earth' or 'wirt' for 'worth'.

The use of the auxiliary verb 'to have' is generally replaced with 'to be'. Thus Shetlanders say 'A'm written' instead of 'I have written'. This is possibly a remnant of Nordic language roots.

[5]  Smith, B. 2004, op.cit.
[6]  Robertson T.A. & Graham, J.J., Reprinted 1991, *Grammar and Usage of the Shetland Dialect,* The Shetland Times Ltd

Another typical usage of perhaps similar origin is 'der' for 'there is' and 'there are'.

As in old Scots, agreements between subject and verb are sometimes different from modern English. It is grammatically correct, at least in some circumstances, to have a plural subject and a singular verb. Thus 'aald folk is twice bairns' would be correct usage.

Tenses of verbs also tend more towards the Scottish than the English pattern, but even then, the vowel sounds make them sound rather different. The verb 'to cast' ('to throw'), for example, conjugates as 'cöst' and 'cassen'.

English speakers – and even those familiar with Scots – would also be aware of a rich and distinctively different vocabulary. Frequently words can be guessed either from context, or because they are particularly descriptive in nature or onomatopoeic. Thus the verb to 'trivvel' is to 'grope gingerly' while the noun 'quwilk' is a 'swallowing noise'. Many nouns could now be classed as archaic, particularly those pertaining to implements or processes no longer in use. Other swathes of nouns such as those for birds and wild flowers are as fresh as ever. Some, such as 'bonxie' (the great skua), are now frequently used by non-Shetlanders.

There remains, throughout Shetland, considerable regional variation in vocabulary, idiom and, particularly, in accent. This is symptomatic of a vibrant dialect. Nor does this variation only affect vowel sounds. Consonants too can locate a speaker. 'Westsiders' tend to sound 'wh' as 'qu' for example. Generally those Shetlanders who live in the more remote islands in the group have retained the most distinctiveness of pronunciation and richness of vocabulary: places like Whalsay, Skerries, Fair Isle and Foula. On the other hand, those whose families have lived in the town (Lerwick) for several generations tend to speak a less distinctive version of the dialect.

Thus there is no need to follow the dictionary-dredging pathway when writing in Shetlandic: Shetlandic is alive and well, even if somewhat different from what it was fifty years ago. Such is the nature of a living language.

*Christine De Luca*
September 2005

*'It is essential to experience all the things and moods of one good place.'*
Thomas Merton

# Celebrate in wirds

True poems steer up athin dat inner space,
an touch da hert-holl at we tocht intact:
dat blissit place we geeng tae on wir ain.
Dey oppen hoidy-holls we'd bolted fast.

Der wirds is dew apö da speeder's wub:
gems ta winder at, ta daev wir straff.
Der music an der rhythm's shape can baith
say 'dance!', say 'birl!', say 'celebrate!' Foo saft

der tizin as dey trivvel roond da haert,
oppen wir een ta newness or a sicht
o foo a coose o patterns play der pairt,
mak space fur wis, yet rowe aroond wis ticht
ta hap wis safe fornenst wir doots an faers.
A poem is wir meid, wir hamewird licht.

---

hert-holl: *the very innermost part*; tocht: *thought*; geeng: *go*; hoidy-holls: *secret, hiding places*; apö: *on*; daev: *lessen*; straff: *anxiety*; tizin: *tempting*; trivvel: *gently grope*; foo: *how*; coose: *heap*; wis: *us*; rowe: *wrap up*; hap: *wrap in shawl*; fornenst: *against*; meid: *landmark to guide fishermen*

# Plain sailin

*On reading the Orkneyinga Saga
en route to Shetland*


Waves tummelled
Jarl Rognvald aff a Sardinia.
Dan steekit stumbas.

I can aa but see him
skilin fur laand: guid wirds
fur safe pilgrimage.

I da saga he wrat
'roarin sea maks sport
o wir sturdy timbers.'

Wir peerie pilgrimage
on da boat ta Shetland
isna plain sailin.

Dunts an shudders: nor'aester
head on trowe da Roost.
A'm seek as a dug.


---

dan: *then;* steekit stumbas: *thick mist;* skilin: *peering;* guid wirds: *prayers;*
wir: *our;* peerie: *little;* dunts: *heavy blows;* trowe: *through;* da Roost: *tidal
rip between Fair Isle and Shetland;* seek: *sick*

# Yarbent

*i m my Aunt Ella*

You took time ta mak sure I'd gotten
ivery tirl, ivery whenk o da wird
you'd used: dat een I'd aksed aboot.
Sic an owld wird hit soonded: 'yarbent'.

I can still see you luik ta Mousa, say
'Weel, hit's a boo o wadder fae da sooth-aest,
laid on herd an dry, no lik ta shift,
maybe roond voar, or eftir hairst.'

Der a yarbent settled apön me fae you gud:
sic a peerie wird, but nirse. A'll varg
i da face o him, an keep i da mind's eye,
as you wir wint tae, da bigger pictir.

---

yarbent: *spell of cold, dry weather;* tirl: *turn;* whenk: *odd movement;* dat: *that;* een: *one;* hit: *it;* luik: *look;* ta: *towards;* boo o wadder: *spell of similar weather;* voar: *Springtime;* hairst: *harvest;* der a: *there's a;* apön: *on;* gud: *went;* peerie: *small;* nirse: *bitter, tart;* varg: *work in difficult conditions;* da: *the;* wir wint tae: *were accustomed to*

# Sam but different

Ha'in, fae da start, mair as ee wye o spaekin,
o makkin sense o things, we learn ta fit
whit we say ta whit's lippened. Takk pity apö dem
at's born ta wan tongue: dem at nivver preeve
maet fae idder tables. Raised wi twa languages
is unconscious faestin: twa wyes o tinkin.
Een extends da tidder; can shaa wis anidder wirld
yet foo aa wirlds is jöst da sam, but different.

---

sam: *same;* da: *the;* mair is: *more than;* lippened: *expected;* apö: *on;* dem
at's: *those who are;* preeve: *taste a morsel;* maet: *food;* idder: *other*

# Tae twa göd stewards

*for John & Laurence Graham*

You passed on a wye o kennin
whit books wis wirt a read:
da eens at med a difference
tae da wye wir lives wis lead.

You passed on respect fur dialect:
göd stewards at you wir
o een at fits a history
an a laandscape lik a gliv.

You gied wis tools ta wirk hit,
ta wael an plant seedcoarn;
ta maa hit, bind hit, stook hit
sae hit widna geeng ta kyo.

Sae we'll write an read an spaek hit,
bigg up skroos ta fill a yaird,
brack da bröd fur dem ahint wis,
traivel on da wye you shaad.

---

wye: *way*; kennin: *knowing*; wis wirt: *were worth*; da: *the*; eens: *ones*; at:
*that*; wir: *our*; göd: *good*; gliv: *glove*; gied: *gave*; wis: *us*; wael: *sift, select*;
maa: *mow*; stook: *set up sheaves*; widna: *would not*; geeng ta kyo: *matted
beyond mowing*; bigg: *build*; skroos: *stacks of corn*; brack da bröd: *break
out a new path*; dem: *them*; traivel: *walk*; shaad: *showed*

# Ice Floe on-line

We scrit wir wirds ta mak connection
wi laands whaar eence dey wir a link;
dan send dem dirlin alang meridians
tae aa erts aroond wir virtual wirld.

Eence uncans cam bi oar or sail:
a lang sea circle vaege, da wirds
maist likely faered. Wir wirds birl
aff a satellites an starns; loup an tirl,

crackle lik mirry-dancers i da lift.
We set dem sheeksin owre Arctic distances
ta gently rummel Babel's To'er, an bigg
instead a hoose ta hadd wir difference.

Note: *Ice Floe* is a literary magazine which publishes poetry from
countries north of 60° N latitude, including Shetland.

---

scrit: *write hurriedly;* wir: *our;* eence: *once;* dey wir: *there was;* dan: *then;*
dem: *them;* dirlin: *vibrating, resonating;* aa: *all;* erts: *directions;* uncans:
*news;* vaege: *voyage;* da: *the;* birl: *dance, whirl;* aff a: *off;* starns: *stars;*
loup: *leap;* tirl: *fall;* mirry-dancers: *Aurora Borealis;* lift: *sky, heavens;*
sheeksin: *blethering;* rummel: *knock down;* bigg: *build;* hadd: *hold*

# Home for a poem

First, there is the idea for the poem:
an intersection of mind and heart
to spark that third dimension.

Then in the mind's eye, in the pulse,
plans grow, click by click, fingered
mouse on mouse-mat, pen on paper.

Ideas take shape, divide or linger;
marks on the page. The structure rises,
each elevation seeks light from origin.

Its function is to house something
worth saying, infiltrate site and texture
with harmonious space. Each word

bears its weight lightly and the spring
of the silence others bring as they read,
as they walk through it, feel at home.

# Hamefarin

*A poem in support of the 2004 Shetland campaign against
deportation, written while staying at Støytaks, Nibon, Nortmaven*

Støytaks – silent noo, baith inbye
an ootadaeks, but eence a place
ta bring fock hame fae varg o sheep
or crub, stramash o beach;
fur gadderin dem aa in, fur sayin
'we belang dagidder'.

Støytaks – an da wife rinnin
tae da aedge o da broo, ta fetch
bairns fae löf o laand, der mödow.
Sun high, denner time, da hoose
redded fur da peerie hamefarin
an fresh tusk an tatties apö da table.

Støytaks – a broo prood abön da shore
wi a view ta da böds, an oot
trowe da Sooth Soond aa da wye
ta Papa, an trowe da Nort Whilk
tae Hamar. Sixareens, fowrareens
seekin da noosts o Nibon.

Shetland – a hamely place wi
table set fur aa, whaar we rekk oot
a helpin haand ta een anidder. A laand
wi nae inbye an ootadaeks. Sae cry
fock in fae aa erts an aa races.
Let dem ken at we belang dagidder.

Note: Two families settled in Shetland were threatened with Home Office deportation in 2004. This galvanised much local support.

---

inbye: *land near the steading*; ootadaeks: *common land beyond township dykes*; eence: *once*; fock: *folk*; varg: *messy work*; crub: *round stone enclosure for seedlings*; stramash: *turmoil*; gadderin: *gathering*; dem: *them*; aa: *all*; dagidder: *together*; broo: *brow*; bairns: *children*; löf: *palm of hand*; der: *their*; mödow: *meadow*; da: *the*; redded:*tidied*; peerie: *little*; hamefarin: *home-coming*; tusk: *type of cod*; apö: *on*; prood: *exposed*; abön: *above*; böds: *bothies*; trowe: *through*; wye: *way*; sixareens: *open 6-oared boats*; fowrareens: *open 4-oared boats*; noosts: *beach-hollows for boats*; whaar: *where*; rekk: *reach*; een anidder: *one another*; cry: *call to*; fae: *from*; erts: *directions*; dem: *them*; ken: *know*; at: *that*

# Soup

*Translated from an English version of the original Welsh, both by*
*Elin ap Hywel*


Dis isna a poem aboot soup –
no da colour o soup, hits smell, hits taste
nor hits sturkenin starns – haet smoorikins scoodered
on a tongue jöst virmishin ta burn –

dis isna a poem aboot soup,
da bicht o tender carrots,
da saat sook o a broth
nor da parsley, a smirr o runkled green.

Eftir aa, hit wis only soup
- tatties an saat an flesh an watter –
no *gazpacho* nor *chowder* nor *bouillabaisse,*
*bisque* or *velouté* or *vichysoisse.*

Dis isna a poem aboot soup,
but a poem aboot a lear, half-dön:
a peerie aer o somethin, here an dere
a coarn mair o dis or dat
– da bowl da richt een, da spön lang enyoch –
ivery boilin anidder chance
ta tize da hiddled hert-holl o da soup.

Dis isna a poem aboot soup ava
nedder aboot soup, nor da soup dat's awa;
naethin ta dö wi licht, nor aboot haet,
da wireless soonds i da hamely but end,
a saet at da table.

Note: The original poem, in the anthology *Oxygen* from Seren Press, 2000, is entitled 'Cawl'

---

dis: *this;* isna: *is not;* hits: *its;* sturkenin: *congealing;* starns: *stars (of fat);* haet: *hot;* smoorikins: *kisses;* scoodered: *scorched;* jöst: *just;* virmishin: *longing;* bicht: *bite;* saat: *salt;* sook: *suck;* smirr: *surface layer;* runkled: *crushed;* eftir aa: *after all;* flesh: *meat;* lear: *learning;* dön: *done;* peerie aer: *a small helping;* dere: *there;* coarn: *little drop;* mair: *more;* dat: *that;* richt: *right;* een: *one;* spön: *spoon;* enyoch: *enough;* anidder: *another;* tize: *tempt;* hiddled: *hidden;* hert-holl: *the very centre;* ava: *at all;* nedder: *neither;* awa: *gone;* dö: *do;* licht: *light;* but end: *kitchen;* saet: *seat*

# Footprints

*Haggister, Shetland 2004*

I circumnavigate the loch, imprint myself
on moss and bog. Oyster catchers fuss,
lure me from their nests. A lone redshank

is beside herself at my presence. And the tern:
few now to patrol territory, to commit hara-kiri.
I long to be mobbed by their raucous flittering.

They have flown half across the world to find
their summer haunt become a desert ocean.
They raise no young to teach the way of stars.

Back in my car I touch the easy throttle, try
to wipe myself from that chain of events;
relentless link to their tenuous existence.

# Makkin Sooth Eshaness

*Blendin colours*

Nae winder *Stenness* is da name here:
ness o stane. Der iverywye you luik,
some aert-fast, some lang vaeged.

Fae da broo da beach is fawn, but
clos up, der mair colours i da stanes
as in a shade caird or i da fleeces

o Nortmaven yowes: emsket, shaela,
moorit – dere, ithin da ebb-stanes,
ithin time's meld o minerals, milled

bi tirl o tide an boo o wadder, till
ivery stane is different. Der markit
lik lambs ithin a flock book: marlit,

fleckit, kraigit, sholmit, brandit an
some wi muckle colour patches at
could be ca'ed bersuggit. Der stanes

fur rinnin owre, fur layin fish oot flat
ta dry. A yoal, weel shoarded, lies abön
da beach, a dab o red; sib tae aa

da boats at wid a fished fae here. Noo
shjaldurs is da only life ithin da böds;
an antrin stirleen paeks athin da stanes.

33

## Settin pattrens

I da run waas der barely a door
or window left but, dere, ram-stam,
da Dore Holm oppens on da sneck

wider as I geeng, an Fiorda Taing
hes a window tae da ocean flör.
Lift your een, an you could swear

Da Drongs wis a uncan langship
wi Jarl skipper skilin fae atween
a squaresail an da blackest prow.

Walkin farder on, he sterts ta sink
ta Urafirt. He nivver med hit shurley
an battles still fornenst da tidal rip.

## Castin aff

Aroond da ness, blue squill drifts tick
abön da shörmal, an oyster plants crug
bluey-purple snug among da stanes.

Dey aedge da art dat's wirkit bi da sea:
sichts an soonds, constancy an change.
If you could but bottle aa dis beauty,

or dry hit, hing hit on da raep, dan
sell hit tae a tristy an a fantin wirld,
you'd be möld rich, an dey'd be sained.

makkin: *knitting;* ness: *headland;* stane: *stone;* der: *they are, there are;* luik: *look;* aert-fast: *fixed firmly in ground;* vaeged: *travelled;* broo: *brow;* yowes: *ewes;* emsket: *blue-grey;* shaela: *dark grey;* moorit: *mid-brown;* ebb-stanes: *stoney beach exposed at low tide;* tirl: *turn,fall;* boo o wadder: *continuation of same weather;* marlit: *mottled;* fleckit: *patchy;* kraigit: *having white patch on chest;* sholmit: *white-faced;* brandit: *having a band of colour round body;* bersuggit: *having big colour patches;* yoal: *sleek 6-oared boat;* weel shoarded: *well propped up;* abön: *above;* sib: *related;* (d)at: *that;* wid a: *would have;* shjaldurs: *oyster catchers;* böds: *fishing bothies;* antrin: *occasional;* stirleen: *starling;* paeks: *pecks;* i: *in;* run waas: *collapsed walls;* dere: *there;* ram-stam: *careless, headstrong;* sneck: *latch;* geeng: *go;* flör: *floor;* een: *eyes;* wis: *were;* uncan: *unfamiliar;* Jarl: *Norse Earl;* skilin: *peering;* farder: *further;* med hit: *reached;* shurley: *surely;* fornenst: *against;* castin aff: *to eliminate stitches, finish off in knitting;* tick: *thick;* abön: *above;* shörmal: *tideline;* crug: *huddle, shelter;* dey: *they;* aedge: *edge;* raep: *drying-line stretched below mantelpiece;* dan: *then;* tristy: *thirsty;* fantin: *famished;* möld rich: *very wealthy;* sained: *blessed*

# Barely a nyepkin o laand, barely an eftirnön

Low da mödow lies, a löf o land, owregien;
stanks lang grown in, girse gien ta kyo.
A whaap flees low, minds toons aa maa'd
an safety only i da wildness o da hills.

Ootbye da daek, nae hill lambs yet; a shjaldur
in a tirse lifts fae a nev o rock, ice-cloored.
On da heichts, wind-skelpit hedder; röenis
stand prood - beacons o foo mony year?

Wi mist brunt aff, lochs bejewel da hills,
glink i da sun. I' ee loch a holm yallows
wi meyfloer, blugga. A pair o raingeese
drift i da silence. Dey'll be eggs shön.

Whaar springs sab dey wösh da sonsi faces
o da mosses, riggit in yallows, umbers, greens;
in plush black velvets an saaft buss for nests.
A laevrick rises, weichtless on da wind.

Sun bricht apö kirn o tide ita da gyos;
banks flooers an squill face da ocean fairly.
Waegs is fleein aces: skyimmin, tiltin,
forivver adolescent i der risky silence.

Twa böds lie rummelled, vod: der whit's left
o aa da varg at wis. Wi ivery vaelensi
stons balled farder up da peerie beach
whaar dunters neeb in shalter o da holm.

Inbye lambs try oot der peerie legs, jimp,
play da kyittums shurley jöst fur fun;
loup wrack laid up ithin a treeless laand,
gluff stirleens preenin i da mirror o da burn.

I sneck da door, lay by da images, da soonds
an aa da artlessness o sic a laand. Ithin an hoor,
a wirld ithin a nyepkin at, time an time again,
A'll veesit i mi mind, clear vista aa aroond.

---

nyepkin: *hanky;* eftirnön : *afternoon;* mödow: *meadow;* löf: *palm of hand;* owregien: *overun with weeds;* stanks: *ditches;* girse: *grass;* gien ta kyo: *matted beyond mowing;* whaap: *curlew;* toons: *enclosed arable land;* aa: *all;* maa'd: *mown;* ootbye: *beyond;* daek: *boundary wall;* shjaldur: *oyster catcher;* tirse: *agitation;* nev: *fist;* cloored: *scratched;* skelpit: *slapped;* hedder: *heather;* röenis: *cairn-like heaps of stones;* prood: *exposed;* brunt aff: *burned off;* glink: *gleam;* ee: *one;* holm: *islet;* meyfloer: *primrose;* blugga: *marsh-marigold;* raingeese: *red-throated divers;* shön: *soon;* sab: *saturate;* dey: *they;* wösh: *wash;* sonsi: *comely;* riggit: *dressed;* buss: *bedding;* laevrick: *lark;* apö: *on;* kirn: *churn;* gyos: *steep, narrow inlets;* banks flooers: *sea pinks;* waegs: *kittiwakes;* der: *their, they are;* böds: *fishing bothies;* rummelled: *collapsed;* vod: *unoccupied;* varg: *messy work;* vaelensi: *violent gale;* balled: *thrown;* farder: *further;* peerie: little;* dunters: *eider ducks;* neeb: *nod with sleep;* inbye: *near homestead;* play da kyittums: *frolic, stumble;* loup: *leap over;* wrack: *driftwood;* gluff: *frighten;* stirleens: *starlings;* burn: *stream;* sneck: *secure with latch;* sic: *such;* hoor: *hour*

# Owre clos fur comfort

*Foula fae Spiggie*

A'll start wi da horizon: draa
a line cowld enyoch ta stivven
ivery vanishin point; far enyoch
ta mark da aedge o da wirld.

I da foregrund, A'll brush lichtly
trowe pale saand, green-gless sea;
atween da twa, blend colours, set
shörmal patterns laced wi froad.

A'll mix dull wintry ochres
fur da dunes an dumbit yowes;
add a skröf o snaa ta linger
whaar sun can barely rekk.

I da middle grund, A'll play doon
da blackness o da banks;
catch der seawird tilt ta Fitful,
der fingers fantin clesp. Hidmost

A'll mizzer Foula's glansin distance
is shö frets da skyline; laeve her dere,
loomin, uncan, owre clos fur comfort:
a mythic iceberg fae anidder wirld.

---

owre: *too*; draa: *draw*; cowld: *cold*; enyoch: *enough*; stivven: *stiffen with
cold*; i: *in*; da: *the*; trowe: *through*; twa: *two*; shörmal: *tideline*; froad:
*froth*; dumbit: *shabby*; yowes: *ewes*; skröf: *surface layer*; snaa: *snow*;
whaar: *where*; rekk: *reach*; banks: *cliffs*; der: *their*; fantin: *famished*; clesp:
*clasp*; mizzer: *measure*; glansin: *sparkling*; shö: *she*; dere: *there*; uncan:
*unfamiliar*; anidder: *another*

# Tirlin headicraa

Seen fae different erts, da island sharpens
fae auld man streekit oot apö da skyline
ta tree prunk peaks apö da wirld's aedge.

An seen at different times, headlands
clos lömin eftir rain, distance demsels
anunder asky veils. We lift wir een

fae waddered end-o-saison sichts. Autumn,
wi fingers saaft an lingerin, lichtens baith
laand an haert; bricht glims o newness.

An aa da gödless fechts at come fae tinkin
we can only see ee wye, dwine
inta naethinness. A glöd o licht apö

da drabbest laand, a glisk o love aroond
da soorest heart, an aathin is tirled
headicraa. We man un-self wirsels,

unreffel aa at trachles een anidder,
traivel wi wir difference, an savour
aa da common winders o wir wirld.

---

tirl headicraa: *turn head-over-heels;* ert: *direction;* streekit: *laid out (dead body);* asky: *hazy;* dwine: *fade;* glöd: *glow;* glisk: *glimpse,* traivel: *walk, journey*

# Rodd widenin i da Hulmalees

*Hulm*: a holm:
    *Hulmalìs:*
     a broo doon
        ta Hulmawater:
       holms i da loch.
    Da rodd wast-owre
smoots alang bi glansin lochs
     lik da munster we eence saa
fae da windows o P.I.'s bus.
Single track rodd
  wi passin places:
     draa in, draa braeth.
        Ivery blinnd coarner
       anidder glim o licht apö watter,
      anidder glinder at a munster
at only disappears whin we stop
  ta let someen pass. Whin aa
  da coarners is shaaved aff
      an da rodd is widened
       will we aa scrit by, ithoot
        a meetin o minds, or
        takkin time ta savour
      da fire-aeting sun braethin
    his flames owre da wastird
or da tjaldur pleepsin
  on da holms, or
  an antrin
   nyuggel
    pairtin da
     watter o da
  Hulm
   -alees.

Note: Peter Isbister, who ran the local bus service for many years, was affectionately known to everyone as P.I.

---

rodd: *road;* da: *the;* holm: *islets;* broo: *brow;* smoots: *slinks;* glansin: *sparkling;* lochs: *lakes;* eence: *once;* saa: *saw;* anidder: *another;* glim: *gleam;* licht: *light;* apö: *on;* glinder: *peer;* someen: *someone;* aa: *all;* shaaved: *hacked;* scrit: *hurry;* tjaldur: *oyster catcher;* pleepsin: *crying;* antrin: *occasional;* nyuggel: *legendary water horse in Shetland folk-lore*

# Glinderin

A
scud
o snaa, an
da Wart o Bressa
is Mt Fuji abön da Soond;
wi dat sam perfect symmetry o dark
an licht shö looms. Sun bracks trowe, da wind
dills doon an da snaa roond her cöts is towed; on da
plain o da sea da cone o da Wart is a shimmerin Kilimanjaro.
Tall cloods wi der siller linings melt at da tap o an April day; an
da Bressa Wart in her simmer cotts stowes awa her winter claes

---

glinderin: *peering through half-shut eyes;* snaa: *snow;* da: *the;* abön:
*above;* Soond: *Bressay Sound;* wi: *with;* dat: *that;* sam: *same;* licht: *light;*
shö: *she;* trowe: *through;* dills doon: *dies down;* cöts: *ankles, foot;* is
towed: *has thawed;* wi: *with;* siller: *silver;* tap: *top;* cotts: *petticoats;* claes:
*clothes*

# Exotica at Croy

3
And three ducks rise,
climb the wall of the sky
with exquisite precision.

2
From the train, a bing
is an exotic presence,
tipped like Mount Fuji.

1
Crisp Autumn morning.
Mist lingers along valleys,
oddly luminous.

# O for da wings

*Tae da unnamed builder o Woodwick doocot*

Dy doocot staands, a chapel noo;
nae currie-coo, nae flaachter
o gluffit wings, nor guff o doos.

Smooth, dark flags; flör ta röf boxed
wi steyn skelfs lik doorless presses.
An ivery steyn set sae as ivery skelf
is tae da waa an tae da biggin
as ivery filament is tae da fedder
an tae da doo; ivery bit a wirk o art.

Did du bigg hit, i da mind, a library
fur books o air, wi winged servitors
ta rekk ta tapmost skelfs; ta hoose
da silence o a thoosand vellum scrolls,
da sneck raised only bi a holy haand?

Whin at last du laid da hidmost steyn
du man a steppit back, apö da seevent day
an, luikin wi da speirin een o wan at kens
da human haert, du man a kent at whit
du'd med, dis testament, wis göd.

---

dy: *your (familiar)*; doocot: *dovecote*; noo: *now*; currie: *loveable*; flaachter: *flutter*; guff: *unpleasant smell*; flags: *stones*; flör: *floor*; röf: *roof*; steyn: *stone*; skelfs: *shelves, ledges*; presses: *shallow cupboards*; waa: *wall*; biggin: *building*; fedder: *feather*; rekk: *reach*; tapmost: *highest*; sneck: *latch*; du: *you (familiar)*; hidmost: *final*; man a: *must have*; apö: *on*; luikin: *looking*; speirin: *questioning*; een: *eyes*; wan: *one*; (d)at: *who, that*; kens: *knows*; göd: *good*

# Whatsoever things are lovely

*11 September 2001*

A smoor o paets: a simmer foo
ta hent fae timeless broos at,
haddin der dark fire, cuppit
fair Lungawater. I da sun
da paety loch glansed
secret an boddomless.
Jöst oot a reck, a tize
o water-lilies flotit,
luscious an exotic,
intae a Monet.

Da day, i da toon,
du skypit up ta me,
alive ta ivery element;
open on a loch o trust.
Afore I gud, du closed
petal airms aroond me.
A flash o Eden, surely,
or a braeth o Lungawater;
a charm fornenst da grummel
steered up itae dis brukkit wirld.

'*Whatsoever things are lovely....think on these things.*'
Philippians 4, 8

smoor; *smother;* paets: *peats;* simmer: *summer;* foo: *full;* hent: *gather;* broos:
*brows;* at; *that;* haddin: *holding;* der: *their;* glansed: *sparkled;* jöst: *just;*
reck: *reach;* tize: *temptation (from verb);* da day: *today;* toon: *town;* du: *you
(familiar);* skypit: *skipped;* gud: *went;* fornenst: *against;* grummel: *mud
(from verb);* steered: *stirred;* itae: *in;* dis: *this;* brukkit: *broken, fragmented*

# Boxin Day 2004

Boxin Day: wir owre stuggit ta lift
glitter fae da carpet. Da TV lowses
uncans apö wis we'd redder no see:

a Muslim man wadin towards wis
trowe his street, wi his infant limp
ithin his airms; a Hindu wife greetin

her een oot, haands ootrekkit,
a Christian man balled lik wrack,
dis wye an dat; an a Buddhist sookit

oot ta sea, weel ootbye tranquillity.
Der peerie differences reffelled up
in wan almichty rummel o da sea.

Fock new married, or newly boarn, or
at da faa'in fit; some tirn wi een anidder,
some blyde, or jöst finnin der gaet.

Hit's aesy ta see foo paece offerings
cam ta be: whin da midderly aert shook
da wits fae you or da faiderly sea turned

ithoot warnin: gud fae cat fyaarmin
roond you tae faersome tiger
lik ta glaep you in wan doonsittin.

Boxin Day – da day whin da boxes
wis oppened, charity for da pör aamos,
for da faiderless. We can oppen dem,

send penga, but hit's haerts an minds
we man free, an da will ta lay poverty
eence an fur aa, in smiddereens.

---

stuggit: *stuffed*; lowses: *unleashes*; uncans: *news*; apö: *on*; redder: *rather*;
greetin: *crying*; een; *eyes*; ootrekkit: *outstretched*; balled: *tossed*; wrack:
*driftwood*; sookit: *sucked*; ootbye: *beyond*; der: *their*; peerie: *small*; ref-
felled: *tangled*; rummel: *collapsing, derangement*; fock: *folk*; at da faa'in
fit: *newly in labour*; tirn: *angry*; een anidder: *one another*; blyde: *happy*;
gaet: *path, way*; foo: *how*; midderly: *motherly*; aert: *earth*; faiderly:
*fatherly*; gud: *went*; fyaarmin: *fawning*; glaep: *gulp greedily*; pör aamos:
*frail, vulnerable*; penga: *money*; man: *must*; smiddereens: *smithereens*

# Coupit

*Da new Scottish Parliament, Holyrood*

Vikings seekin shalter, safety, wir wint
ta röf der huntin böds wi coupit boats,

an mony an aald sixern, link-stanes
fur coorse wadder, noosted lambs or hens.

Fae Arthur's Saet wir parliament is da shape
o huntin böds or hen-hooses sidey-for-sidey.

Wha kens wha's heftin axes dere,
or wha'll bide der time, ready ta pounce,

or wha'll craa first thing or claag, preen
ta keep da peckin order. Sic boats hed

speed, could takk ill wadder, a rumse o sea.
We need laa makkers for wir ting a boat,

eens ta set a steady coorse, ta match
wir hoops, aye seekin for dat meid o truth.

---

coupit: *capsized, overturned;* röf: *roof;* der: *their;* böds: *bothies;* sixern: *6-oared fishing boat;* link-stanes: *heavy stones to hold in place against wind;* wadder: *weather;* noosted: *sheltered;* sidey-fur-sidey: *side by side;* kens: *knows;* heftin: *fitting with handles;* craa: *crow;* claag: *cackle or gabble noisily;* rumse: *stormy (from verb to rummage);* laa makkers: *law makers;* ting: *parliament but also a term of endearment (little one);* eens: *ones;* hoops: *hopes;* meid: *guide (landmarks for boats)*

# Existential paraglidin in Turkey

Tinkin on da haert's topography
– heichts wir climmed, jimpit aff a,
aa but miracklin wirsels,
brinks o banks wir teetered apön –
wir blyde da day we hae na da pooster
fur paraglidin. Da aeriel photos
takk wir braeth awa, shaa
da hale pictir. Aert-fast, wir laerned
da bird's-eye view da herd wye,
bit bi bit, graftin a life tagidder,
backwirds, makkin hit fit.

---

tinkin on: *thinking about;* heichts: *heights;* wir: *we have, we are, our;*
climmed: *climbed;* jimpit: *jumped;* aff a: *off:* miracklin: *severely injuring;*
wirsels: *ourselves;* banks: *cliffs;* apön: *on;* blyde: *glad;* da day: *today;* hae:
*have;* na: *not;* pooster: *vigour;* takk: *take;* awa: *away;* shaa: *show;* hale:
*whole;* aert-fast: *firmly fixed in earth;* herd: *hard;* wye: *way;* tagidder:
*together;* makkin: *making*

# Da rodd ta Gemiler beach

Da *dolmuş* shiggles wis
owre a ruckly rodd
ta Gemiler beach.
Fine stoor lifts, hings i da air.
Da heat is solemn. Da wife
neist me offers a plate o green figs.
I mi mooth da saaft pooch o flesh
is maet an drink. Shö's hunkered
owre dem aa moarnin; dey'll sell
at da beach. Wir gaet winds
trowe pines till, up an owre,
we fin da view ta end aa views.
We hairpin doon tae paradise
preened apö torquoise sea;
mesmerised bi greenest greens,
heady wi pine resin.
Luikin backwirds
wha kens whitna boats
is anchored here
– Troy roond da coarner –
whit saints is fun shalter,
tiggit mylk fae shepherds.
Luikin forward,
I see a tarry rodd,
a coarn straichter,
likely wider, an da proile
we bring i wir wake
as we stramp
roond da
ruckly bends
on da gaet
ta Gemiler
beach.

---

da: *the*; rodd: *road*; dolmuş Turkish for *taxi-bus*; shiggles: *shakes, jiggles*; wis: *us*; owre: *over*; ruckly: *uneven*; stoor: *dust*; i: *in*; solemn: *extremely bad*; neist: *next*; mooth: *mouth*; pooch: *pocket*; maet: *food*; shö: *she*; dem: *them*; aa: *all*; dey'll: *they will*; wir: *our*; gaet: *path, route*; trowe: *through*; fin: *find*; doon: *down*; preened: *pinned*; apö: *on*; luikin: *looking*; wha: *who*; kens: *knows*; whitna: *what*; fun: *found*; tiggit: *begged*; mylk: *milk*; tarry: *tarred*; coarn: *little, slightly*; straichter: *straighter*; proile: *belongings, stuff*; stramp: *walk firmly, heavily*

# Water mirror

*Drumsö Fiord, Helsinki*

Above the harbour, swifts flit
in the still of a bright morning.

By afternoon, a slight breeze
choreographs a ballet of sails.

In the evening, tip-toeing cranes
lay down their burdens, lightly.

In the water's mirror I recollect
an early paradise, its dizzy freedom.
reflected perfectly; and life's dance,
elemental and unrehearsed,
gracing its several worlds,
towards all receding Edens.

# Parallel worlds

Wilderness at each corner of the eye,
the Rockies a textbook backdrop;
a sky that can rustle up thunder
or, at a whim, melt clouds to cerulean.

I take in the big picture: pyramids sky-high
to surprise a Pharaoh. Your eye follows
a dragon fly. You tease a leech with sticks
till it responds in perfect backflips.

I slake my thirst, bring you a cup
of mute beauty: a rim of mountains
transposed on a molten lake.

You bring me your contentment: a wet stone –
platter of creatures; a half-drowned butterfly
clinging to the raft of your finger.

# Only an ocean divides

*Squamish Nation, British Columbia, 1900*

I wear a striped skirt
and a warm patterned shawl.

I plait my long hair. Even though
I am old, it hangs on my shoulder.

I weave hats, tunics and baskets
to trade for metal tools.

On my back, a basket of driftwood:
the woven band rests across my brow.

We gather the bounty of land and sea:
it's a hard life but a good one.

Daily I carry wooden pails with water:
two from the well, two from the river.

I have traded barrels filled with salmon,
with cranberries. They warm winter.

And hung fish out to dry
on wooden racks along the river.

I have watched a canoe grow small,
have waited for its safe return.

Our family extends across generations:
that is our meaning of 'house'.

I like a cradleboard upon my back.
I have strung new beads for it.

At special times we dance
in harmony with nature's rhythms.

The flute lifts our spirits; the drum
reminds us of our beginnings.

# Only an ocean divides

*Shetland, 1900*

I wear a strippit skirt,
a hap fur when he's caald.

I plait mi hair, wip hit
roond mi head whin A'm wirkin.

I mak ganseys an openwark
ta sell at da shop for errands.

On mi back a day's kendlin o paets,
kishie baand owre mi shooders.

We gadder da hairst o laand an sea:
hit's a hard life but a göd een.

I kerry daily daffiks o watter:
twa fae da wall, twa fae da burn.

A'm packit mony a barrel foo
o fat herrin ta cure fur winter,

an hung oot a line o piltocks
ta dry, ta store in a tinny.

A'm waited lang fur sicht o a sixern
ta come back fae da far haaf.

Wir peerie hoose hadds
a hale family, prammed in.

Da cradle is seldom empty.
A'm made a boannie baand fur hit.

Whin wir day's wark is dön
I lift a fiddle fae da waa.

Hit pits a spring i wir step,
a lichtsome lift i wir haerts.

---

strippit: *striped;* hap: *shawl;* he's caald: *it's cold;* wip: *coil round;* A'm: *I
am, I have;* wirkin: *working;* mak: *knit;* ganseys: *jumpers;* openwark: *lace
knitting;* kendlin: *kindling;* paets: *peats;* kishie: *straw basket;* baand: *band
made of eg rope, straw or knitting depending on utensil;* owre: *over;*
shooders: *shoulders;* gadder: *gather;* hairst: *harvest;* göd: *good;* een: *one;*
kerry: *carry;* daffiks: *wooden buckets;* twa: *two;* wall: *well;* burn: *stream;*
packit: *packed;* foo: *full;* piltocks: *saithe, coalfish;* tinny: *tin box;* sixern:
open, six-oared boat;* far haaf: *distant fishing grounds;* wir: *our;* peerie:
small;* hoose: *house;* hadds: *holds;* hale: *whole;* prammed: *squeezed;* whin:
when;* dön: *done;* waa: *wall;* lichtsome: *cheerful*

# Pioneer

*Like the thunderbird of old*
*I shall rise again out of the sea*

From my shrivelled quiver I conjure
a dancing bear, sculpted in jade.

From the last whalebone I carve
the story of the kill, in fine detail.

From an ice-hole I pull a whole line
of my people, seal-hunters, caught in stone.

From the forest, source of blessing, I preen
the feathers of a wooden goose, whittle
an eagle mask, a decorated paddle.

From the ocean of my imagination I make
small totems for you. Find my work
@ Inuit.com. Find the spirit of a nation.

# Da Ballad o Vadlure, Waas

*for Iris and Jamsie Sandison, Vadlure, Waas*

Da *Dart* shö wis a Faroe smack
wi a skipper Jacob Joensen.
He'd fowr young men ta crew wi him,
an swack dey wir an lichtsome.

Ee winter's day in nineteen wan
dey set der sail fur Klaksvik.
A gale rase up, da lift gud black
an he lowsed a moorie caavie.

On da first day der sails wis rived,
on da neist, dey lost der anchor.
On da third, da decks wis wöshen bare,
on da fort, da gale near sank her.

Bi da fift day, der hoop wis gien:
nae laand, nae meids, nae pooster.
But on da sixt, da gale dilled doon
an dey scrimed da Sneug o Foula.

In Klaksvik deep da snaa wis laid
an deeper still an gloomy
da tochts o fock fur der five young men
an da *Dart* maist likely foundered.

Blattered an faert dey drifted aest
till dey med da back o Vaila.
John Reid o Vadlure saa der state,
Sae left his lines an hailed dem.

But sae pör aamos wis da men
dey could barely win aboard her.
He towed da *Dart* tae Vadlure beach
an hame, on his back, he bore dem.

His wife shö kent ta save der lives
ta feed an warm dem slowly;
ta keep dem back fae stove or fire
though haet hit tized dem fairly.

Shö med a bed fur every wan
an on dem laid her blissin;
watched owre der rest, der every braeth
till helt an strent revived dem.

Sae dan dey set ta mend da *Dart*
ta shoard her an ta plenish.
Dey'd mak a new gaet tae da Nort
as shön as shö wis feenished.

An sae hit cam a trawler man
passed wird aroond in Faroe.
He'd read da news o da five young men
ta'en aff da banks o Vaila.

Ee April day dey lowered der sails
tae da joy o da fock o Klaksvik.
Dey steppit ashore an silence fell
tae a smoorikin, a haandshack.

Whin dat young men hed bairns ta name
dey minded on der rescue:
foo da fock o Vadlure took dem in
an roond dem rowed der favour.

Sae John Reid Joensen, Bjartalid, Ziska
an Olga Mary Joensen
wis gien da names o da Vadlure Reids
as lik dey wir der kinsmen.

A hunder year is gien sin syne
but a wark o reconstruction
'll bring a smack tae Vadlure, Waas,
fur a foy, a celebration.

---

shö: *she;* fowr: *four;* swack: *active;* dey: *they;* lichtsome: *cheerful;* ee, wan: *one;* der: *their;* rase: *rose;* lift: *sky;* gud: *went;* lowsed: *started fiercely;* moorie caavie: *blizzard;* rived: *riven;* neist: *next;* wis wöshen: *were washed;* fort: *fourth;* hoop: *hope;* gien: *gone;* meids: *landmarks used as direction finders;* pooster: *energy;* dilled doon: *died away;* scrimed: *observed with difficulty;* snaa: *snow;* tochts: *thoughts;* fock: *folk;* blattered: *wind-shaken;* faert: *frightened;* aest: *east;* med: *reached, made;* pör aamös: *feeble;* tized: *tempted;* helt: *health;* strent: *strength;* dan: *then;* shoard: *prop up;* plenish: *(re)fit internally;* gaet: *route;* shön: *soon;* banks: *cliffs;* smoorikin: *kiss;* dat: *that, those;* bairns: *children;* minded on: *remembered;* foo: *how;* rowed: *wrapped;* gien: *given, gone;* as lik: *as if;* sin syne: *since then;* foy: *party*

# Caa'in whaals in Whiteness Voe

*1900*

Wird passes lik da wind aroond da voe:
a scöl o whaals spied affa Binna Ness.
Dey cut da sea as watter owre baas,
oob der warnin cries ta een anidder.

Sae mony men awa ta herrin driftin,
eicht sixerns is aa at can be manned.
Haands grab at looderhorns, forks, tullys,
aald harpoons, an lokks o peerie stons.

Dey aese der oars at Grut Wick, line up
da gless, watch fur da whaals as dey roond
bi Usta Ness. I da boats, men row
as if da very mellishon wis shastin dem,

caa da scöl roond inta Whiteness Voe.
Fur sic a callyshang o baetin, shoutin,
blaa'in on da horn. Da shaste is furious.
Da grit baests möv inta da waitin crö

as lambs wid tae a uncan slaughter,
bummel bi Kirk Skerry, awaar o shaalds;
loss der bearins roond bi Nesbister,
sense danger, try ta turn aboot, but oars

an oars is aawye: da sea is bulderin wi
der splore, der spunder. At Mousa Ness
anidder boat joins in ta head dem aff
an drive dem on der wye ta Hoove.

Hit taks aa day afore da whaals is beached.
Boys rin fae scöl, barefit, blöd-spring,
gawp at da sicht o sic a slaughterin.
Dey jimp fae ee carcass tae da neist,

lik jimpin fae boat ta boat; winder at
da hidmost pechs, da sad een o da baests.
Aa nicht da fleynshin lests, da hövin
o da carcasses fornenst a flowin tide.

Weemen come, cotts white fornenst
a blöd-red sea. I der kishies dey bring
brönnies, kirn mylk, saaft scones an tae.
For sicna job. But, come Newer Day,

penga fur da blubber an da banes
'll send blöd racin fur a rant o weddins.
Uncans o dis day could mair as tize
da ice-boond Greenland whalers hame.

---

caa'in: *driving;* whaals: *whales;* voe: *long sea inlet;* scöl: *school;* affa: *off;* dey: *they;* owre: *over;* baas: *submerged rocks;* oob: *wail;* een: *one, eyes;* anidder: *another;* sixerns: *open, six-oared boats;* (d)at: *that;* looderhorn: *bullock's horn used as warning trumpet at sea;* tully: *sharp knive;* lokks: *lots;* aese: *ease;* gless: *telescope;* mellishon: *devil;* shastin: *chasing;* callyshang: *noisy commotion;* blaa'in: *blowing;* grit: *great;* möv: *move;* crö: *(sheep)-fold;* wid: *would;* uncan(s): *unfamiliar, unexpected, news;* bummel: *flounder;* awaar o: *aware of;* shaalds: *shallows;* aawye: *everywhere;* bulderin: *loud noise of the sea;* splore: *turmoil;* spunder: *rush;* rin: *run;* blöd-spring: *at full speed;* neist: *next;* hidmost: *final;* hövin: *heaving;* fornenst: *against;* blöd: *blood;* kishies: *woven baskets;* brönnie: *oatmeal scone;* kirn mylk: *whey;* saaft: *soft;* tae: *tea;* sicna: *such a;* Newer Day: *1st January;* penga: *money;* rant: *dance;* tize: *tempt*

# At sea

*Translated from the English of Amy Crawford*

Whit kind o love
is drafted fae siccan strug,
fae nichts curled lik
a stivvened olick i da shott,
shackleben miracklin,
back spaegied, virmishin fur touch?
Therty mile oot ta sea
sixern dirlin owre swalls,
da sun mair ruddy
as da fish blöd elted
apö tilfers, dan his harned face,
his tyoch nev, at's pickit,
lik a flooer, a calaphine,
writin o beauty 'sae hushed
I micht harken tae a tear's tale.'
An if dis human aa his lane
fants only ta be heard,
dan wha 'll play his muse?
Wha 'll ken his love?

If du tinks on life as da comin
an gyaain dwinin
an tummlin lift, dan
du'll ken at someen does
harken, dat a lass traikin
owre broos, kames, an burns
wi maps an böts baith scordet
does hear him, dat he traivels
ta her summit an shö ta da plain
o his far haaf, at dey forgadder dan

lik unlippened angels, in draems,
i da lift, or anunder da skröf whaar
salmon sweem, scarlet lowsin
alang der riggies as dey mak
fur burn-mooth. But, ta bring dis
tae mind, du man stime fur da wye
driftin cloods an da siller wings
o maas rive da lift apairt,
as weel as da wye der wings sail
trowe trövies o cloods at raag
inta da sea. Oot dere,
i da hert-holl o aathin.


Note: To translate the poem into Shetlandic I had to set it in the 19th century, when fishing from small boats over several days was still common. This 'haaf' fishing was organised by the landowners. The boats were six-oared and open-decked ('sixerns'). They were rowed or sailed 25-30 miles offshore to catch cod and ling. The fish were caught on long lines.

The original poem of the same title was first published in the magazine *Ice Floe*, Winter Solstice, 2003.

---

siccan: *such;* strug: *toil;* stivvened: *stiffened with cold;* olick: *young ling;* shott: *compartment for holding fish;* shackleben: *wrist;* miracklin: *injured;* spaegied: *muscle-pained;* virmishin: *longing;* sixern: *open 6-oared boat;* dirlin: *shuddering;* owre: *over;* blöd: *blood;* elted: *smeared;* apö: *on;* tilfers: *loose floor-planks;* dan; *than, then;* harned: *hardened, leathery;* tyoch: *tough;* nev: *fist;* flooer: *flower;* calaphine: *pencil;* aa his lane: *all by himself;* fants: *hungers;* ken: *know;* du: *you (familiar);* tinks: *thinks;* gyaain: *going;* dwinin: *fading;* lift: *sky;* traikin: *roaming aimlessly;* broos: *brows;* kames: *ridges;* böts: *boots;* scordet: *cracked through exposure;* traivels: *walks;* shö: *she;* far haaf: *distant fishing grounds;* dey: *they;* forgadder: *meet;* unlippened: *unexpected;* anunder: *underneath;* skröf: *surface layer;* lowsin: *pouring;* riggies: *backbones;* mak: *make;* man: *must;* stime: *peer closely;* wye: *way;* siller: *silver;* maas: *seagulls;* rive: *tear;* trowe: *through;* trövies: *strands;* raag: *hang like mist (from noun);* hert-holl: *very centre;* aathin: *everything*

# A joy ta behold

*c 1920*
*for my cousin, Douglas Smith*

A young ting o lass gied ta guttin in Lerrick,
her arles lang paid an da money laid by.
Shö wis trang wi a laad wha hed little tae offer
bit a haert at wis honest an a smile at wis shy.

> *Haand owre haand we wir haulin an hailin*
> *affa Mousa, a catch a joy ta behold.*
> *Da dimriv wis spreadin, wir backs dey wir brakkin*
> *whin up i da net cam a brotch med o gowld.*

He'd gien tae da sea an saved aa his penga
an bowt her a brotch med o amber an gowld.
Shö voo'd shö wid wear hit tae aa but da guttin
ivery day o her life til gyaain twafaald.

Ee nicht shö sat mendin da nets fae da drifters,
da preen cam undön, da brotch fell on her lap.
Unawaar o her loss i da glim o da colly
shö rowed hit awa i da haert o da net.

Shö wis greetin an gowlin whinivver shö tocht on
da laad at hed gien her da boannie gowld brotch.
Wid he tink her dat haandless fur lossin da mindin
he'd browt fae da sailin ta seal der lovematch?

But he loved her far mair as her boannie blue een
an her hair at shone amber as fine as could be.
Da brotch hit could geng tae da depths o da ocean,
fur his love wis as wide as da airms o da sea.

A fisherman waeled hit oot fae da herrin:
hit kinda gied owre him; he medna a soond
but browt hit back hame tae his boannie young dowter
gyaain tae da guttin whin neist saison cam roond.

Dat young ting o lass gied ta guttin in Lerrick,
her arles lang paid an da money laid by.
Shö wis trang wi a laad wha hed little tae offer
bit a hert at wis honest an a smile at wis shy.

*Haand owre haand we wir haulin an hailin*
*affa Mousa, a catch a joy ta behold.*
*Da dimriv wis spreadin, wir backs dey wir brakkin*
*whin up i da net cam a brotch med o gowld.*

---

ting: *little one*; gied: *went*; arles: *down-payment to secure seasonal work-er*; shö: *she*; trang: *courting*; laad: *boyfriend*; at: *that*; wir: *were, our*; hailin: *pulling fishing lines*; affa: *off*; dimriv: *dawn*; brotch: *brooch*; gien tae da sea: *joined Merchant Navy*; penga: *money*; bowt: *bought*; voo'd: *vowed*; gyaain: *going*; twafaald: *doubled up, cripple*; ee: *one*; preen: *pin*; undön: *unfastened*; glim: *gleam*; colly: *small lamp*; rowed: *wrapped*; greetin: *crying*; gowlin: *weeping loudly*; tocht on: *thought of*; tink: *think*; haandless: *clumsy*; mindin: *gift*; browt: *brought*; mair is: *more than*; een: *eyes*; geng: *go*; airms: *arms*; waeled: *sifted, selected*; gied owre him: *unset-tled him*; medna: *did not make*; dowter: *daughter*; neist: *next*

# Pride an prejudice

*Simmer veesitors c 1950s*

I
'Da paackies is back! Come up
lik paddock-stöls apö da nicht.
Pör sowls, lyin ootadaeks
an da reek fae der bits o tents.'

I da moarnin der boy comes ta scöl.
Canna read muckle; dusna ken his tables.
I da playgrund, a steyn at his cöts,
a nev at his chin. I da wheepin arc
o a lang rope, lasses jimp oot an in,
skyimp as dey chant
    *'Peter Nyowlan is a föl*
    *Send him tae da raggy scöl.*
    *When he's dead, boil his head,*
    *Mak him inta gingerbread!'*

'White! His granny's at da grind,
clootie böddie a coarn lichter,
penga doon her bosie!'
Shö tells him 'Dis a freendly place.
Tree cups o tae.' He says, 'Hit's OK.'

2
A man in a turban stunks alang hooses
luggin a case. Wird gets aroond; doors
bolted. Bairns hoid ahint midders, skoit
at his baerd; at da bead he pits i der löf.

He tizes weemen wi sateens conjured
fae a boddomless case. Dey buy
fur da wye o hit, but nane offers tae.
Der tongue-tied an kinda faert.


3
A Scottie, triggit up fur a dance
i da toon, rowls fae a stinkin trawler.
Wi his whisky braeth an fancy steps
he birls a lass aff her feet, shaas her
a thing or twa mair as shö's lippened.


4
Neist simmer, when da breer barely shaas,
da paackies is back, da Sikh is back wi his bridder,
der nae sign o da roosty trawler
but der 'een come up atween da raas'.


---

paackies: *travelling people, tinkers*; paddock-stöls: *mushrooms*; apö: *on*;
pör: *poor*; sowls: *souls*; ootadaeks: *beyond parish hill dyke*; reek: *smoke*;
der: *their, they are, there is*; scöl: *school*; canna: *cannot*; muckle: *much*;
dusna: *does not*; ken: *know*; steyn: *stone*; cöts: *ankles*; nev: *fist*; wheepin:
*whipping*; skyimp: *using language to deflate*; dey: *they*; föl: *fool*; mak:
*make*; white: *stop*; grind: *gate*; clootie böddie: *cloth shawl used for carry-
ing goods on back*; coarn: *little*; penga: *money*; doon: *down*; bosie:
*bosom*; shö: *she*; tree: *three*; tae: *tea*; stunks: *pants with exertion*; hoid:
*hide*; ahint: *behind*; midders: *mothers*; skoit: *peep*; löf: *palm*; tizes: *tempts*;
sateens: *satins*; wye: *way*; nane: *none*; kinda: *rather*; faert: *frightened*;
Scottie: *person from mainland Scotland, generally NE*; triggit up: *tidied
up*; toon: *town*; rowls: *rolls*; birls: *whirls*; shaas: *shows*; lippened: *expect-
ed*; neist: *next*; breer: *first green shoots*; bridder: *brother*; roosty: *rusty*;
'een come up atween da raas': *illigitimate child (idiomatic)*

# A child's calendar of feasts

*Shetland, 1930*

*January*
> We'll hae a tee o reestit mutton for Newer Day; kale soup an bannocks.

*February*
> Du'll hae brose for dy supper dis Candlemas, or a mellie puddin.

*March*
> Fetch a daffik o water fae da well. Dis dried tusk 'll pit a trist apö wis.

*April*
> Wir hens is laid lik horro. Dey'll be paes-eggs da moarn.

*May*
> Here's a hansel o herrin fae da wastird, fat an foo o raans. Tak twartree neist door afore we saat dem doon.

*June*
> Wir coo is calved for Johnsmas. Hae du dy myl-gruel afore du gengs ta scöl. Dey'll be beest for when du comes haem.

*July*
> Pit crowdie an rhubarb jam apö dy scone. Hill berries is fine but dey'll no hadd dy haert.

*August*
> A fried sillock an stap for dy supper dis Lammas. Du'll sleep lik a selkie.

*September*
> We'll hae sookit piltocks, fresh butter an a plate o mellie tatties: whit better?

*October*
> Tastes-du da hedder i dis hill lamb? A'll mak dee sheep's puddins da moarn.

*November*
  Wir grice is hed his day. We'll swee him an cure him for
  Hallowmas. Dey'll be naethin wasted, sparl an aa.

*December*
  Dat cockerel 'll craa his last apö Tammasmas. Dy uncle is
  browt dee an orange fae da sooth. Whitna Yöl we sal hae!

---

tee o reesit mutton: *leg of smoke-dried mutton*; brose: *oatmeal dish*;
Candlemas: *a quarter day, 2nd February*; mellie puddin: *oatmeal-based
sausage*; daffik: *small wooden bucket*; tusk: *type of cod*; trist: *thirst*; apö:
*on*; wis: *us*; wir: *our*; laid lik horro: *(hens) laid profusely*; paes eggs: *Easter
eggs*; da moarn: *tomorrow*; hansel: *a gift to mark a beginning*; da wastird:
*the west*; foo: *full*; raans: *fish roes*; twartree: *a few*; neist: *next*; saat; *salt*;
coo: *cow*; Johnsmas: *24th June*; du: *you (familiar)*; myl-gruel: *milky por-
ridge*; scöl: *school*; beest: *cheese made from first milk of newly calved
cow*; haem: *home*; dy: *your (familiar)*; hadd dy haert: *give sustenance*; sil-
lock: *young coalfish*; stap: *fish mixed with fish livers*; Lammas: *1st
August*; selkie: *seal*; sookit piltocks: *wind dried coalfish*; mellie tatties:
*floury potatoes*; hedder: *heather*; sheep's puddins: *fruit dumpling boiled
in sheep's intestine, sliced and fried*; grice: *pig*; swee: *singe*; Hallowmas:
*1st November*; sparl: *anal passage (turned inside out and stuffed with oat-
meal)*; craa: *crow*; Tammasmas: *21st December*; browt: *brought*; dee: *you
(familiar, objective)*; whitna: *what a*; Yöl: *Christmas*

# A child's calendar of feasts

*Lazio, Italy, 1930*

*January*
> Run to the market for a piece of *baccalà* to soak for tomorrow's soup.

*February*
> Fetch jars of peppers and tomatoes from the cellar. Lent is upon us.

*March*
> We will break our fast with fine *vermicelli*, with bitter anchovies and oil.

*April*
> I *cannescioni* for Eastertime. Can you taste the hot pepper and *parmigiano*?

*May*
> For breakfast there's *ricotta* from the mountain, *del pane dall'arca*.

*June*
> What will you have? Spinach? Tomato? Aubergine? We will bottle them soon or they will go to waste.

*July*
> A red pepper for you. Take the top off – some oil, a drop of vinegar. Now dunk your bread in it.

*August*
> See that hen: she hasn't laid an egg all week. She'll be in the pot before nightfall.

*September*
> Peel some hazelnuts while they're still green. Our grapes can hang another day.

*October*

Take these walnuts next door. Tell them we will kill the black pig tomorrow. *Prosciutto* and sausages will hang above the stove. (All those acorns you gathered to fill its belly!)

*November*

A slice of *polenta* will warm you. It is rich with beans and *sugo*. The sun is dropping like a stone.

*December*

Wait till the chestnuts are roasted and the *crostole* are cool enough to sugar. What a feast we will have!

---

*baccalà*: salt cod; *I cannescioni*: pastries baked with cheese, pepper and egg; *del pane dall'arca*: bread from the baking cabinet; *polenta*: thick porridge made with maize flour; *sugo*: rich tomato sauce; *crostole*: deep fried strips of fresh pasta, tied in bows, sugared and served as a treat

# Keeping body and soul together

*Atina, Italy, 1930*

Women are up before sunrise, climb a mountain path
in long skirts of dawn. They cut and bind bundles of sticks
slide them downslope, carry them balanced on their heads.
Their stoves will be lit before their children rise.

A posse of boys packs sandwiches: cheese, pepperoni.
They will spend all day in the mountains checking snares.
Dusk will bring them home with a rabbit for the pot
a slow dangle of larks and dusty starlings.

Reapers arrive early: labourers for a day's pay, a day's food.
They sing as they sickle, to an earthed rhythm. Wheat bristles,
falls under their spell. The valley rings with their song.
They bind biblical sheaves, stack them up bold as brass.

The sun climbs, the thresher comes: a throb of metal, a slap
of leather belts. It thwacks sheaves over and over
till they spill sacks of grain and a circle of stacked straw.
There will be bread and pasta and fresh mattresses.

Elbow-deep in the baking cabinet: some loaves to knead
with pliant oil, a day's anointing. They plump with yeast
to be carried, head-high, on a wooden board: a sacrifice
from the woman to the hot hands of the village baker.

A man sits by the sultry roadside. He cracks white stones
with his hammer, shovels rubble on a Roman road.
Mule carts with iron wheels crush and powder it
as they spin downhill, sieving clouds of white dust.

Nothing stirs as thunder rumbles round humid hills,
an afternoon storm in the Comino valley.
Gutters gurgle limey-white. Shutters are closed.
Dogs hide. Children nap. The *cicali* fall silent.

After the storm women meet at the hillfoot well.
The water has a blessing carried from the mountain.
They laugh and chatter, lift tilting water in brass pots
to each other's heads, then climb steeply.

Their men gather in the steady air of a dark *cantina*,
taste new wine from sombre casks. For them it is
an unspoken competition. The glasses swirl
a whole summer of sun-waiting, of careful husbandry.

Two niches in the village cemetery to fill before dusk:
a young mother and her infant, *nata e morta*.
On All Souls' Night the village will come, keep vigil
with the gathered centuries of remembrance.

But tomorrow, an exodus to the festal feet of a black Madonna
mountain goddess of the springs.For her children she will crack
open water-melons in her icy water, slip glitters into bottles.
Night will be a bivouac under cut branches and crystal stars.

# Walking through thyme

*Comino Valley, Italy*

1900

Shepherds on Monte Marro lace *ciocie*,
crush sage and glistening thistle as they climb.
Their dogs wear iron collars, guard sheepfolds.
Bones lie stone-weathered on treeless slopes.
Below, in Casalvieri, houses hunch inwards, lurch
above the valley. The church, heavy-doored,
has sheltered and nourished generations,
sanctified their wheat, their vine.

Survival is land. Sons of the mountains leave
one by one. There is no land left to divide
among them. They peddle pots and pans,
gasp at tales of lands with moist soil,
a thickening of cities. The young of Comino
leave to the tears of the old. They send home
good news with tea leaves in an envelope.
With each generation, roots loosen.

# 1999

Wealth returns. New houses with
slight foundations are taller than oak tree,
wider than the plot that grew a family.
On the terraces below Montattico
stones lie unlifted. A bell rings for mass.
There are barely enough faithful
to baptise a child. Bread and wine
no longer taste of turned earth.

On Monte Marro a herdsman calls
his cows to a stone cistern. Their bells
clangle melodiously. He moves
through thistle and thyme. His cows
sway unhurriedly, drink deeply.

---

*ciocie:* homemade sandals characteristic of area, lacing up the leg

# Moments of separation

**1   5 October 2002**


We arrive in darkness, long road behind us,
me to weary guest-house, you to your hall,
your name above the door in welcome.
We spill your things on the floor, make
the place yours. There's a spring in your step.

My room is small and nothing matches.
I sleep on a thin pillow.


**2   October 1965**

*On da doorstep mi midder waves.*
*Dad'll drap me at da steamer,*
*kerry mi case fur me. I barely luik*
*back. Life is lichtsome, lipperin.*

*Newness hoids da hamelessness o digs,*
*shared beds, pör maet, a laandlord*
*swaanderin atween pub an bookies.*
*Hame is far awa, da cord is brakkin.*


**3   c 1880**

*At da croft door dey wave ta da bridder,*
*da son. He's gien tae da sailin, kyist*
*apön his shooder. Da hoose is quiet.*
*Shö kens he'll settle in New Zealand,*

*at shö'll no see him again, nivver ken*
*his bairns. Shö'll sell glivs fur stamps.*
*I da byre, a peerie greet as shö mylks,*
*weet face fornenst a warm flank.*

4    6 October 2002

The first meeting. Voices Babel
from the quadrangle. Feet sound
on stairs, on gravel. I will go soon, pleased
you are gathered into your new life.

I leave a line of conkers on your mantleshelf,
put one in my pocket, satisfyingly strong.
In the car I turn to Radio 2: catch
light-hearted music for a road that's long.

---

midder: *mother;* kerry: *carry;* luik: *look;* lichtsome: *joyful;* lipperin: *over-flowing;* hoids: *hides;* pör: *poor;* maet: *food;* swaanderin: *staggering;* brakkin: *breaking;* dey: *they;* bridder: *brother;* gien: *gone;* sailin: *Merchant Navy;* kyist: *sea-chest;* apön: *on;* shooder: *shoulder;* shö: *she;* kens: *knows;* at, dat: *that;* nivver: *never;* bairns: *children;* glivs: *gloves;* byre: *cowshed;* peerie: *little;* greet: *cry, tears;* mylks: *milks;* weet: *wet;* fornenst: *against*

# Lights in a sombre world

*A father's diary, 1942*

This one, dad, seems different from the rest:
an Air Force Diary of well-thumbed leather,
gilt-edged, despite austerity of war.  It's soft
and has the feel of inside pocket to it. I sense
you carrying it around. A swathe of pages
at the front records a world of aviation details:
pictures of planes, morse code, badges of rank,
decorations, the aerodromes of Great Britain.
Even here it resonates today: the distance
from London to Basra via Egypt is listed.
Your number, 1023729 – in Personal Memoranda –
the one I remember burned into a shoe brush.

Addresses too are pencilled in: your brother
Laurie, in the Gordon Highlanders,
somewhere in Libya, where the war is *'delicate'*.
Friends are listed, each with a number:
your brother-in-law in *Wehrkreis.*
*British* POW, *number 87155.*
You always said you signed up to get a job,
to avoid call-up as cannon fodder.
I wasn't proud of that, and wished
you'd had a row of medals or at least a scar,
or an annual urge to march with other fathers.
Once, on poppy day, you did it just to please us.

Oddly, this diary is all in pencilled French.
Could you have worried that your heart
might be discovered, might be mocked?
It's 1942 and you, married barely a year,
are posted to a camp near Cambridge.
You write of love and war. The French starts
with larksong, early February; then turns
to aerial battles in the Channel, the loss
of sixty planes. A quick trip to Shetland
to see ageing parents: '. . . *se séparer de sa femme,
c'est une chose horrible.*' There is a letter
from her waiting for you when you arrive.

It seems you wrote each other every single day.
You must have had so much to say then; such
different situations. We giggled at those letters
when we found them, ribboned, in a kyist.
I remember mum, flustered. She burned them.
The intimate hearts that wrote them seemed
a mile away from the parents that we knew.
You liked to be up early before the rest of us,
(years of reveille, that French imperative).
There was a discipline to each day, collar and tie,
even on Saturdays. Your other diaries match
that memory of childhood years; not this one.

It has you worrying that undercarriages
and tyres will hold for landing; long days,
long nights of work; treks between camp
and where she grows daily bigger. But the joy
in all your little honeymoons sings from the page.
A brief weekend in April, war forgotten,
'*Beau jour dans la campagne – cueillant des fleurs
– il finit trop tôt; retour un peu désolé. Maintenant
on se lève, travaille, écrit et se couche. On reçoit
des lettres qui sont des lumières dans un monde sombre.*'
I sense you running with her letter, desperate
to find privacy; to read it over and over.

I still use the pen she gave you as marriage gift,
the one used to write of love to her. Its old nib
moves just as softly now, helps me find words.
You record the bombardment of Cologne:
'*a thousand bombers, we had more than 20.
One lost – 1065. Flames visible 150 miles.*'
Libya worsens. '*Nine shadows take to the air
for Essen.*' Your back is aching. Each day
you wait for news. Then at last – a telegram.
'*Jour de joie.*' 'Son arrived, both very well!!'
Underlined and marked with exclamations.
'*Que je suis heureux! Grâce à dieu.*'

You arrive the next day, Sunday – she is well.
You hold the baby. *'Notre joie ne sait aucune limite.'*
Monday – *'je visite ma famille encore!'*
No privacy. Days pass: illness, worry, tears.
It is difficult to focus on work, on war.
Two long weeks until recovery comes. Then
*'Un jour plein de joie. Eric dort sous l'ombre*
*des grandes ormes, près de sa mère.*
*La Soeur Cecilia coupe deux belles roses*
*et les met dans le panier où Eric repose. Il est*
*un cher petit enfant, l'oeil si éclatant et sincère*
*et si bleu comme ceux de sa mère.'*

It was difficult forging that relationship:
a first son, and you often away from home.
There was a slight unease that never lifted.
And strange, the tendency to remember
bitter tastes rather than the sweeter ones.
We learn from children and grand-children
how hard it was for you to be the paragon
we expected. In these pages we find bits
of you we never knew, snippets of your youth,
of our younger selves: a loving meld.
How tissue-thin the paper, how faint the words,
how strong the light of love between you held.

# Photographic memory

We sit at keyboard, dy fingers mair wint
wi hit as me, mair maister o hit; scan in
auld femily photos eence again, dis time
at heicher quality, fower hunder DPIS.
Du kens da stops ta poo, ta mak dem finer.

An i dis blink, da scales faa fae dy een
as du comes face-ta-face wi forebears. Fae
da screen, dy grit-grit-graand-faider luiks
ta a distant place, bird o passage at he wis.
Du cuts an pastes, dichts da image, pixcel

bi pixcel: göd haands, a strynd at links
da pair o you. Hit's da luik ahint da een
at somehoo catches; somethin mair as
genepöls, mair as focal lent or megabyte.
We winder whit he micht o med o dis.

Da neist een shaas anidder waanderer:
grit-grand-faider dis time. Peerie-wyes
du sorts da boddom o his winter coat.
Dat's better. But why his dumpised luik?
Du manna mak him smile, though nae doot

du could wi twartree keystrokes.
He widda soched, I warn, said little
tae encourage dee. But dat wis him.
Da hidmost task is tae touch up da photos
o dy grand-fock. Hit vexes me ta tink

mi midder nivver kent dee; an mi faider
hardly. Du's lik him, specially i dy wyes.
Dey widda loved ta watch dee growe,
shaa'd dee dy first nest, dy first tirrick,
telt dee o hit's lang hamefarin. Sae

du'll be aff eence mair i da wing-beat
o da wirld, i da slip-stream o forebears.
I'd redder du wis here i tree dimensions,
nae screen atween wis, ta hear again
dat laevrick, an her mizzer o perfection.

---

dy: *your (familiar)*; wint wi: *used to*; hit: *it*; eence: *once*; heicher: *higher*;
hunder: *hundred*; du: *you (familiar)*; poo: *pull*; dem: *them*; faa: *fall*; een:
*eyes, one*; luik: *look*; at, dat: *that, which*; dichts: *tidies*; göd: *good*; strynd:
*inherited trait*; ahint: *behind*; lent: *length*; neist: *next*; shaa: *show*; anidder:
*another*; peerie-wyes: *gently*; boddom: *bottom*; dumpised: *downcast*;
manna: *must not*; doot: *doubt*; twartree: *a few*; widda: *would have*;
soched: *sighed*; warn: *warrant*; dee: *(you, familiar)*; hidmost: *final*; tink:
*think*; midder: *mother*; kent: *knew*; faider: *father*; dey: *they*; tirrick: *arctic
tern*; telt: *told*; hamefarin: *home-coming*; redder: *rather*; tree: *three*;
atween: *between*; wis: *us*; laevrick: *lark*; mizzer: *measure*

# A wye o seein

*for Joyce Gunn-Cairns, artist*

Dis isna mi mindin o life-draain at da scöl
whaar meenits drittled trowe skilin een an bells;
whin you tocht better o luikin up or hostin.
Truly, I tink, a tailor's dummy wid a dön.

But i da studio, da day, draain een anidder, - dee
wi sharp calaphine, me wi blunt wirds - time
is nippit by, i dy deft vynd, an wi da gift
o speirin inta me. Du says hit's only sheeksin,

but dis is meenistry: an affirmation o da haert.
Der safety i da studio, atween da pair o wis.
Portraits roond wis harken, but keep der counsel,
sae we spaek jöst whit we tink, an whit we feel:

foo boadies, at wir stage, geng der gaet; fin freedom
o a kind, but canna anse da wye we want dem tae.
I doot da liks o wis – white witch-bricht weemen –
in aerlier times wis set alicht fur honesty.

Dy een möv in an aesy wye, fae me ta image,
yet dy mind is eident, gyaain sixty tae da dizzen,
dy haand tö. Eftir an hoor or sae, du lins dee,
staands back, an, jöst is du mizzled aff wir masks,

lifts doon dy wark, tells me, 'Aye, it's nae bad!
I dunnae flatter fowk. I catch them as they ir.'An,
i dat glinder atween life's laer, ya, richt enyoch,
du's shaa'n me someen at I nivver kent I wis.

wye: *way;* dis: *this;* isna: *is not;* mindin: *memory;* scöl: *school;* whaar: *where;* drittled: *moved slowly;* trowe: *through;* skilin: *peering;* een: *eyes, one;* tocht: *thought;* luikin: *looking;* hostin: *coughing;* tink: *think;* wid a: *would have;* dön: *done;* da day: *today;* anidder: *another;* dee, du: *you (familiar);* calaphine: *pencil;* nippit: *nipped;* dy: *your (familiar);* vynd: *skill;* speirin: *inquiring;* sheeksin: *blethering;* der: *there is, their;* atween: *between;* harken: *whisper, listen;* jöst: *just;* foo: *how;* wir: *our;* geng der gaet: *go their own way;* canna: *cannot;* anse: *respond;* dem: *them;* tae, ta; *to;* doot: *doubt;* möv: *move;* eident: *always busy;* gyaain: *going;* dizzen: *dozen;* tö: *too;* eftir: *after;* lins: *ceases, relaxes;* mizzled: *caused to disappear;* aff: *off;* dat; *that;* glinder: *glimpse;* atween: *between;* laer: *learning;* ya: *yes;* enyoch: *enough;* shaa: *show;* someen: *someone;* kent: *knew*

# Forget-me-not

*for Joyce Gunn-Cairns, artist*

A wee lassie, ye'd spend yir summer
scourin ditches an mine tips for flooers;
yir white head lik a daisy bobbin
alang edges o tha bonny riggs.
O aa tha flooers that ye would pick
tha wee forget-me-not wid pluck at
somethin in ye: afore school wid brack
for summer it wis there, through till
ye wir done wi holidays, back tae yir desk.
Even then yir eye wis painterly, although
nane could see tha gaet ye'd tak, tha line
ye'd sketch, seekin, aye seekin somethin
true as tha jar o flooers o purest blue.

You never kent then yir mither's line
that reached richt back tae 1881,
an Eyemooth's blackest Friday.
Her herring drifters foo o hope,
their names 'Onward', 'Invincible',
'Press Hame' emptied o their meanin.
Some wi their weemen's names painted
on their bow: *Christina, Janet, Alice,*
aa weedowed on that day, watchin
helpless fae tha harbour waa
as their men gied doon, aa drooned.
Tha *Lily-o-the-Valley* lost aa her crew,
an tha *Myrtle*, an aa seeven fishermen aboard
tha wee *Forget-me-not*, yir blud, gied doon,
gied doon, blue inta deepest blue.

# Unravelling

Play a pibroch: one with almost notes
that come like dying gasps. One with
Irish breath and all the desolation

of discordance; no grasp
of future. Let it draw melancholia
from shivered reeds, from rocks

and bogs. Let it finish in a terrible
unfinished utterance: one which can cut
a glorious sunset to shreds.

# Green shoots

*In honour of the work done by the Marie Curie Cancer Care*
*charity and the related photographic exhibition, 'Remaining*
*Human'; also in acknowledgement of the twinning of Edinburgh*
*and Krakow.*


Daffodil bulbs wrapped in their tissue-paper lifelessness
look incapable of healthy growth, of green shoots. Folded,
and layered into wintered earth along the Vistula, across

the green lungs of Edinburgh they bear Spring flowers,
a yellow dance of mirth. These are markings of rebirth,
symbols which boldly state we have planted *Fields of Hope;*

that we may have graced less than lovely places, but we are
resolutely *Remaining Human.* Every bulb holds its history
of past Springs, its heady present, its promise of future.

We join hands across a continent in honour of each other,
and of the Polish woman with Scottish-sounding name whose
single-mindedness was seminal in this perpetual well-being.

# Corpus Vile

*Museum of the Royal College of Surgeons of Edinburgh – Scoliosis*

Some museums of antiquities store row on row of
unnamed skulls. There is a day of reckoning now
a plea to repatriate lost souls, bring home bones

to territorial rest. Is it surprising the rituals we wrap
round death? Anguish felt at bodies missing, ungraved,
when loss is certain? How many symbolic coffins

have been lowered, wounds eased with the thud
of gentle earth on unimagined emptiness? There is
fierce beauty in a skeleton picked clean as carrion,

a recycling of our elementalness. Here, in this museum,
skeletons catalogued and studied carefully are unlikely
to raise a court case. Few would want these bones back,

a rickle of deformity. Yet there is grace in these harp
shapes: curved, sculptural. A spine bent back upon itself,
with vertebrae on which a seraph might make music.

I remember visiting a little girl in hospital, one Sunday,
a steel rod newly planted in her clarsach of a back. By
the next Sunday, stringed melody: for her, *hinc sanitas*.

Leaving the museum, how fine to see children jostle
for a bus; tall, straight; even their teeth wondrously
aligned, their body temples still unplundered.

Note: *hinc sanitas* ('from here, health') is the motto of the The Royal
College of Surgeons of Edinburgh, now celebrating its 500th anniversary.

# Shalls

Der lempit shalls aa alang da banks,
as if da birds wis hed some kind o foy
or shörmal splore. Some ir roodery,

tick as an auld tumb nail; some slicht
as finest china, nearly see-trowe;
da outsides ruckly, maistlins aa da sam.

But turn dem owre - der ivery shade:
white, bleddick-coloured, green an blue
an mustard. Some hae lacy aedges,

some wi a luik o plaid, an ivry een
wi his ain horse-shoe mark whaar
da flesh wis fastened; lik as if

a thoosand peerie ponies hed linkit
oot a dem an left der cliv mark, or
fun dem in a secret ocean smiddy.

Hit seems wir med da idder wye
wi a pooer o ooter differences at can
divide wis; mak wis kinda wary

een fae tidder. But if we seek instead
da inner space o neebirs, we fin wir
maistlins aa da sam: a dunt fornenst

a harned haert, an wir laid in akker.
Hit seems wir shall, wir hoidin place,
is little wirt. An wi da mark o Cain

apö wis, we hearna da voice o da blöd
o bridders; nor see da faemly lickly
at micht a minded wis at wir his keeper.

---

shalls: *shells;* der: *there are, they are, their;* aa: *all;* banks: *cliffs;* wis hed: *had had;* foy: *celebration;* shörmal: *tideline;* splore: *turmoil;* roodery: *barnacled;* tick: *thick;* auld: *old;* tumb: *thumb;* slicht: *smooth;* trowe: *through;* ruckly: *rough;* maistlins: *mostly;* dem: *them;* owre: *over;* bleddick: *buttermilk;* luik: *look;* ivry: *every;* een: *one;* ain: *own;* whaar: *where;* peerie: *small;* linkit: *danced;* oot: *out;* dem: *them;* cliv: *hoof;* fun: *found;* smiddy: *smithy;* wir: *we are;* med: *made;* idder: *other;* wye: *way;* a pooer o: *many;* (d)at: *that, which;* kinda: *rather;* tidder: *the other;* neebirs: *neighbours;* fin: *find;* dunt: *heavy blow;* fornenst: *against;* harned: *hardened, cold;* akker: *fragments, ruin;* hoidin: *hiding;* wirt: *worth;* apö: *on;* hearna: *do not hear;* blöd: *blood;* bridders: *brothers;* faemly lickly: *family resemblance;* micht a: *might have;* minded: *reminded*

# Horses of Glen Tanar

There are still horses in Glen Tanar. For centuries
they clambered between cairns, bore news of battle,
movements of kings' armies. Clansmen shambled
herds southwards. What price a Highland pony?
Drovers talked horses while their kye tore sward,
drank deep the Water of Tanar. Not that gypsies,

happening upon the glen, would pay a florin
for such stout-hearted beasts – their swift
neat-ankled horses part of the machismo,
part of the rant. That spectacle of hairst on hairst:
a golden whirl unwinding with the sun,
stooks thinning from strath to northern glen.

At the big house, stabled, the working horses:
heavy feet and patience equal to their strength.
Trees marked then felled. Chains strained. Logs jolted.
Huge hooves cushioned into bilberry and moss.
And under the calm hand of ploughman – uttering
his secret word – they described furrow upon furrow.

Such work for horses was hard but glorious,
man and beast a sweated true communion.
Not for them the mincing in a gig,
the reined-in, high-stepping art form.
Not for them the bearing of skittish notes
for laird or lady. The horses of Glen Tanar

still have the wisdom of their forbears
and their strength. They are eager
to show off their heritage, to break us in.
On their diligent backs we travel through
centuries, under canopies of ancient pine
through Caledonia's fine disquietude.

History is da rodd left ahint wis.
Wan day da rod is blaan ta
smiddereens. At history's end we
staand and akse:

*from the Norwegian of Arne Ruste, through an English translation
by Robert Ferguson*

Whan wis da smaa smoor
whan da helt-gien sun
Whan wis da canny sough
             da caller sough
Whan wis da stillness a stillness
foo o soonds
Whan was da ceety o a hunder to'ers
da *ecumenical* ceety o Sarajevo?

Eence du gud oot
in a day o distress
an got acid i dy een
Ee day da sun wis bellin
Ee day da wind rived
at dy cott, ram-stam, lik a uncan boady
            apö da street
Ee day da stillness wis a faersome
silence

Ee day dat boanniest o ceeties,
da ecumenical ceety o Sarajevo,
wis a firin place
fur jalousin an ill will

Noo da tömald scooders dy een
da cosh sun is an enemy an spreads
lik an oppen sore

Da mantin wind is, lik sniper's bullets,
fae aa erts, whanivver
Da faersome stillness, da silence
o a passin truce
i da ceety o da brunt-oot library,
Romeo and Juliet's ceety,
da ceety o a hunder to'ers, Sarajevo
at cam ta be da ceety o gowlin
at da end o history,
whaar aathin can begin.

Note: The original poem, in *Søsken for en tid*, 2001, is entitled 'HIS-TORIEN ER VEIEN SOM ER TILBAKELAGT. EN DAG ER VEIEN SØNDERSPRENGT. VED HISTORIENS ENDE STÅR VI OG SPØR'.

---

da: *the;* rodd: *road;* ahint: *behind;* wis: *us, was;* wan, ee: *one;* blaan: *blown;* smiddereens: *small fragments;* akse: *ask;* smaa smoor: *soft rain, sea mist;* helt-gien: *health-giving;* canny: *steady;* sough: *wind;* caller: *cool;* foo: *full;* soonds: *sounds;* hunder: *hundred;* to'ers: *towers;* eence: *once;* du: *you (familiar);* gud: *went;* oot: *out;* day o distress: *storm, heavy rain;* dy: *your (familiar);* een: *eyes;* bellin: *throbbing from infection;* rived: *tugged, tore;* cott: *coat;* ram-stam: *heedless;* uncan boady: *stranger;* apö: *on;* (d)at: *that;* boanniest: *loveliest;* fur: *for;* jalousin: *suspicion;* ill will: *hatred;* noo: *now;* tömald: *heavy rain;* scooders: *scorches;* cosh: *friendly;* mantin: *stammering;* aa: *all;* erts: *directions;* brunt-oot: *burned-out;* gowl-in: *loud weeping;* aathin: *all things*

# Cover up

1
January, an da wadder's fae Siberia;
wind cuts lik a tully. Shö's lost coont
o da layers at shö's wearin; rowes
a gravit roond her face i da stang
o da moorie. Only her een shaa.


2
A young laad, riggit in khaki, skoits
fae his balaclava. He hoids a steyn
athin his pooch; a meld o faer
is da steyn athin his haert,
unspokken. Only his een shaa.


3
A ting o lass in Paris haps hersel
in her *burkha*, wears her *hijab* ta scöl.
Maybe hit's a statement, maybe no;
but her boannie een licht darkness
athin a nakit street.

---

wadder: *weather;* tully: *sharp knife;* shö: *she;* coont: *count;* (d)at: *that,
which;* rowes: *wraps;* gravit: *scarf;* stang: *sharp pain;* moorie: *blizzard;* een:
*eyes;* shaa: *show;* laad: *young man;* riggit: *dressed;* skoits: *looks purpo-
sively;* hoids: *hides;* steyn: *stone;* athin: *in;* pooch: *pocket;* meld: *mix;* faer:
*fear;* ting o lass: *young girl;* haps: *wraps;* scöl: *school;* boannie: *lovely;*
athin: *in;* nakit: *naked*

# Afghan Madonna

The photo has a title: *'Mère afghane, Kaboul `98'*.
This one of many mothers, this Madonna,
is of all time, of each and every place.

In each line, the curve of fear, uncertainty.
There is no blasphemy in such a title for
a Moslem girl. From her veiled *chadour*

her child's small head protrudes. He is asleep,
swaddled on her lap. With her hidden hand
she keeps him close; the other rests upon

his head. This hand, her one uncovered part,
could be of alabaster. It draws the eye,
glimpsed this way by chance. So still,

she could have sat there for a day, or for
two thousand years. The pair are one
in outline, ancient in their presence,

their significance. One hand protecting,
one hand blessing. Any God that listens
to the poor's entreaty, bear them safely.

# Whitna pictir

*for my cousin, Peggy Halcrow, i m her parents*

My, du is da riggit up, triggit lik jantry
i dy lace goon. An dy groom, nane
could a luikit finer. White tie, fob watch,
waistcot: 'go ashores' fur a young sailor.

An du's no jöst a boannie bride
but a göd-döin een; an acht ta awn.
Dy wires flee faster as ony dis side
o Hoofjeld. (I winder if he'll ivver see

a sail fill ithoot seein dat veil lift?)
Luikin at you der nedder varg
nor hardship i your likly. Whitna pictir
you mak on dis day, on dis special day.

Der a kind o restraint i da wye da chairs
is bön set fur da photo. Yet I see your knees
clos trimmlin, an his black shön fornenst
dy white sateen. Whitna day ta savour

ta luik back apön. An whitna pictir you mak,
unawaar o aa at micht owretak you as man
an wife. Serious i da studio, aboot ta write
your story, ta brack da bröd o life.

whitna: *what a;* pictir: *picture;* du: *you (familiar);* riggit: *dressed;* triggit: *immaculate;* jantry: *gentry;* i: *in;* dy: *your (familiar);* goon: *gown;* a luikit: *have looked;* jöst: *just;* boannie: *lovely;* göd-döin: *conscientious;* een: *one;* acht ta awn: *blessing, good to have;* wires: *knitting needles;* as: *than;* ony: *any;* dis: *this;* ivver: *ever;* ithoot: *without;* (d)at: *that;* luikin: *looking;* der: *there is;* nedder: *neither;* varg: *messy work;* likly: *appearance;* is bön: *have been;* trimmlin: *trembling;* shön: *shoes;* fornenst: *against;* apön: *on;* unawaar: *unaware;* aa: *all;* owretak: *overtake;* brack da bröd: *set out on new path*

# Journey

Today you see far down a mountainside,
out over islands to a sure horizon.
Your sight is sharp, your goal clear, and tides
of love lap round all your desiring.

Two sets of footprints you will make, but true
companions on this journey you'll become.
When you slip out of step, think of today;
relive again its close embrace of freedom.

May truest feelings stir you as the wind
disturbs the loch, or smirr on cotton grass.
May you find bliss in ordinariness
and joy forever in its present tense.

# Brief summer

*Finland 1870*

He visits at our summer hut on Sundays,
meets me with my pail from milking. The sun
from bright pastures chinks into the workroom.
In the half-light he helps me with the churning.
It is beautiful, this movement, a dark triumph,
too close for comfort. His hair smells of birchwood.
Ah . . . *the forest smelt of honey*
      *and of mead the blue backwoods*
      *the glade edges of wort, swamp*
      *edges of melted butter . . .*
Afterwards, in the other room, still and awkward,
we sit, my bed within his reach. I would draw back
the curtain, lie with him, but that would be my shame.
Too many girls have curdled a brief summer,
thrown themselves in rivers before winter.

Summer Sundays at the hut pass quickly, knowing
six days and countless lakes lie in between us.
I long for Autumn at the farm; the swirl of harvest,
the launching of the kirkboat every Sunday.
I'll sit in the narrow bow with his two sisters,
share an oar with them. If we sit behind him
I can see his body lean into the rowing; let him sense
my eyes on his broad back. If beside him, I can feel
his thigh tense with every stroke. If in front of him
he can watch me reach into the pull.

If he splashes only me, I'll know there'll be
a *kirknin* by next summer. Through the long psalms
I'll watch the stain dry slowly. I will kneel near him
for the Eucharist, sip from the same cup. Later
I will share my food with him.

Homewards, I will listen to the slap of water
on the dark flank, close my eyes as the boat races.
When I open them I am as yielding as the lake,
at one with the spangled forest, *dressed as of old*
...       *as the moon the spruce boughs shone*
           *and as the sun the pine tops.*
And he is revealed, ice-sculpted, stone-scoured,
cupping the water; his eyes steady, seeing beyond
approaching winter, when ice will stitch the lakes
and the boat will slumber in her snowy cradle.

Note: references from the 'Kalevala'

———————

*kirknin:* first time at church as a married couple

# Sae mony voars

*for my brother, Ronald*

Wha could believe sae mony voars
is passed since du cam new among wis?
Dat day wis fair, an wis aa celebration.

Da day, Loch Dhu lies calm;
Loch Chon is tippit michty mountains
upside doon, an trees kaleidoscope

hits surface. Da loch is hed aa saesons
marked apön hit, harkened ta endless
symphonies o burns, seen

glansin draps on tips o branches
seep inta hush o moss. Fur a meenit
an end o rainbow lichts apö mi gaet

an I rekk oot ta hit, an wiss fur dee
an dine, licht on your wye; a safe
an stunnin vaege trowe anidder year.

---

bridder: *brother;* wha: *who;* sae; *so;* voars: *springtimes;* is passed: *have
passed;* du: *you (familiar);* cam: *came;* wis: *us, was;* dat: *that;* aa: *all;* da
day: *today;* is tippit: *has tipped;* is hed: *has had;* apön: *on;* harkened ta:
*listened to;* burns: *streams;* glansin: *sparkling;* draps: *drops;* meenit:
*minute;* lichts apö: *lands on;* gaet: *path;* rekk oot: *reach out;* wiss: *wish;*
dee: *you (familiar);* dine: *yours (familiar);* wye: *way;* vaege: *journey;*
trowe: *through;* anidder: *another*

# Chance o a lifetime

*for Daniel*

Fae da aeroplane, taas o licht pick oot
a peerie toon, plunkit dere bi chance:
an accidence o burns an broos,
heads an tails o nature's providence.

Fur wis, nae mair nae less, da time
an place an fortune o wir birth
is happenchance; dine an mine,
mi jewel, as dicey as da rest.

Hed dis fine braidin o wir burn no come,
– dis blissit odds – I wid a virmished
fur hit. Whin du's aroond, dy fun
an lichtsomeness sends ivery penny dirlin
i da air, ta laand da richt wye up,
heads or tails, whitivver wye is ca'ad.

---

taas: *narrow streaks;* oot: *out;* peerie: *small;* toon: *town;* plunkit: *set down;* dere: *there;* burns: *streams;* broos: *brows;* fur: *for;* wis: *us;* nae: *no;* mair; *more;* wir: *our;* dine: *yours (familiar);* mi jewel: *my dear;* hed; *had;* dis: *this;* blissit: *blessed, blissful;* wid a: *would have;* virmished: *longed;* du: *you(familiar);* dy: *your (familiar);* lichtsomeness: *cheeriness;* ivery: *every;* dirlin: *spinning;* wye: *way;* ca'ad: *called*

# Glims o origin

I savoured dy aerly wirds is dey cam,
whinivver dey surprised dy mooth;
helpit shape dem wi dee, hent dem.

Foo mony generations o bairns
is quarried dat sam wirds, fun
aa needfu soonds aroond dem?

An sea-farers at laanded here
höved in, fae uncan erts, wirds
kjerried on ocean's shiftin tides;

wave-worn, wind-riven wirds,
der aedges shaaved aff, makkin
a meld; a tongue fit fur saga

an fur psalm. Rumse ithin hit,
hock awa, an du'll fin veins
i da steyn, bricht glims o origin!

---

glims: *gleams;* dy: *your (familiar);* dey: *they;* du, dee: *you (familiar);* hent:
*collect;* foo: *how;* fun: *found;* höved: *heaved, threw;* uncan erts: *unfamil-
iar places;* kjerried: *carried;* der: *their;* shaaved: *hacked;* meld: *blend;*
rumse: *rummage;* hit: *it;* hock: *dig;* fin: *find;* steyn: *stone*

# Fairdie-maet

Hit's mair as maet we need ta hadd da haert,
ta keep da boady an da sowl tagidder;
although ithoot hit we'd be little wirt.
Ta bear da costly seekin we man dö
fur meanin, ta trive trowe tick an tin,
hit's idder kinds o nourishment we need:
a haand held oot, a kindly wird. Fantin
fur love wir less as whit wir meant ta be.

We shoard up een anidder we whit we mak
an whit wir oppen tae: poems we write,
– lik bread ta brack – notes we play or sing,
aa kind o waeled tagidder things. Sae aet,
share roond da wirds, da image or da tune:
keep simmertime forivver in your haert!

---

fairdie-maet: *food for a journey*; hit: *it*; mair as: *more than*; maet: *food*;
hadd da heart: *sustain*; sowl: *soul*; tagidder: *together*; ithoot: *without*; lit-
tle wirt: *poorly*; man: *must*; dö: *do*; trive: *thrive*; trowe: *through*; tick:
*thick*; tin: *thin*; idder: *other*; wird: *word*; fantin: *famished*; wir: *we are*;
shoard up: *support*; een anidder: *one another*; brack: *break*; aa: *all*;
waeled: *selected, sifted*; aet: *eat*

# Steynchat

Lass, hears du me
in sic göd voice,
mi ruddy trapple
swallin lik ta burst?
I dicht anunder ee oxter
dan da tidder, till,
du man admit,
A'm jöst a stoatir!

See's du me flit
lik a young een?
A'm maybe a steynchat
but I can tirl da cat
wi da best o dem,
dat I can! Lass
lowse dy sang!
Celebrate! Life's
owre trang fur sic
wan-sided conversations.

---

steynchat: *stonechat*; hears du me: *can you hear me*; göd: *good*; trapple: *windpipe*; dicht: *tidy (preen)*; dan: *then*; tidder: *other*; man: *must*; A'm jöst a stoatir: *I'm unrivalled*; tirl da cat: *somersault*; dem: *them*; dat: *that*; lowse: *start, breakout*; dy: *your (familiar)*; trang: *busy*

# Hairst

*from the original Finland-Swedish of Gösta Ågren, through an*
*English translation by David McDuff*

Da day is doo-grey an
still; hit's lik
a sowl. Da bonxie's claas
is waek as haands.
Da hairst laeves faa
an deepen ta möld.
Makkin up is near.

Note: The English translation of the poem in *A Valley in the Midst
of Violence*, Bloodaxe 1992, is entitled 'Autumn'

---

hairst: *harvest, Autumn;* da day: *today;* doo: *dove;* hit: *it;* sowl: *soul;* da:
*the;* bonxie: *great skua;* claas: *talons;* waek: *weak;* faa: *fall;* möld: *earth;*
makkin: *making*

# Hedgehug

*Translated from the original Norwegian in collaboration with the author, Arne Ruste*

Bi natur, a dooter o aathin
at can möv faster –
an in blinnd faith in hits ain cott –
hit plays dead apö da spot,
an whaarivver hit micht be
hit aa but maks a peerie knowe
an coonts ta twa

A dooter bi natur – an no
ithoot raeson – but deep doon
trustin an aesy ta tize
wi an aer o maet
strokin alang da lie o da preens –
dey saaften lik a wife's mind in mink
an a licht haand
anunder hits doony belly
while you lift hit up peerie-wyes
tae your cheek an your curriest voice
an sniff da smell o da mirk
whaar hit sleepit da mild winter sleep
alangside da maet – da wirm
hit nivver preeved, sae lang –
da peerie reek o mylk, o wame
an mintie babes at wait, crubbit i der böl
far awa –
da smell o simmer gien, an o da breer
fae da new, a sharp guff o acorn,
a fruity hint o dry blackcurran laeves,
da seekly stink o slow mulderin

i da möld, o tattieshaws rottin:
a noble niff o rötin paddock-stöl, pine preens
tuber o trow's caerds, melded wi da möfi
smell o minerals, stoor o iron
mica, föl's gowld

A livin
hedgehug; da surest
sign dat, whaar you ir, somethin eftir aa
is in order

Note: The original poem, in *Indre krets*, 1999, is entitled 'Pinnsvin'.

---

dooter: *doubter, sceptical*; aathin: *everything*; (d)at: *that*; möv: *move*; hit:
*it*; ain: *own*; cott: *coat*; apö: *on*; da: *the*; whaarivver: *wherever*; aa: *all*;
maks: *makes*; peerie: *little, slight*; knowe: *hillock*; coonts: *counts*; twa:
*two*; skyin: *skin*; ithoot: *without*; tize: *tempt*; aer: *a little*; maet: *food*;
strokin: *caressing*; preens: *prickles, needles*; lie: *grain*; dey: *they*; saaften:
*soften*; anunder: *underneath*; doony: *downy*; peerie-wyes: *carefully*; curri-
est: *friendliest*; mirk: *darkness*; wirm: *earthworm*; preeved: *tasted*; sae: *so*;
reek: *smell*; mylk: *milk*; wame: *womb*; mintie: *tiny*; crubbit: *confined*; böl:
*resting-place for animals*; gien: *gone*; breer: *first sprouting shoots of grain*;
guff: *odour*; seekly: *sickly*; mulderin: *crumbling*; möld: *soil*;  tattieshaws:
*potato plants*; niff: *smell*; rötin: *taking root*; paddock-stöl: *mushroom*;
trow's caerds: *fern fronds*; melded: *mixed*; möfi: *damp stale*; stoor: *dust*;
föl's gowld: *iron pyrites*; ir: *are*; eftir aa: *after all*

# Time of my life

Sun slants through wood and hedgerow,
throws down a challenge to all things animate.
The dark watches of winter have passed.
We career rashly towards summer.

I startle a roe deer. She disappears
in a fluent silence, leaves behind
only the sound of a burn. I have seen her
on cave walls, in full flight. As I climb

to the hidden waterfall, I sense there
a quickening, a delicious passion.
The chaste gash in the rock beckons,
a distant breath, a sensuous insistence.

Slight wind stirs conversation
among brittle beech: old débutantes
crêpe-faced, sitting out the dance.
They shift stiffly, a swish of taffeta.

There is little here to mark time's passing:
hours may have vanished or minutes.
The tilth is ancient; trees have the girth
of a century. It is me that is ephemeral.

Today, I shall measure time against
one sunset, or the fleet foot of the deer.

# Into your knowingness

*in response to the poem by Norman MacCaig,
'True ways of knowing'*


These images are as elegant as maths proofs,
as elemental: water, stone, the circle of infinite
self-knowledge. They encompass touch, that
shared coordinate; and in true ways of knowing
reproach reciprocation that's sparing, tentative.
I reach into the spaces of our squandered silence,
into our grassblade moments, and wonder
at your knowingness that predates the naming
of all actions, all intentions; into a time when,
in primal innocence, you stalked and killed,
bore home the gifts with crushing diligence.
But that's excessive and too little. I will
draw lines around your purest meanings
and step into that gentle circle still.

# Really useful

*Translated from an English version of the original Welsh, both by Elin ap Hywel*

Whitivver cam o da kirk weemen
whan we wir bairns?
Da fur hats, da ivver-ready hymn-books,
an der kyoderin, a haet birze
o coorse wirsit an jaggy brotches?

I widged awa fae der bosies,
brotch-preens a flooerin blue-melt apö mi cheek.
Ahint der fyaarmin, da dead baests
da stink o der soaroo wis soor lik greth.

'Love is love' flet mi midder,
'whitivver hit smells lik,
fooivver jaggy.'

Fae dan, A'm loved.
A'm bön loved.
An aesy love noo an dan,
saggit an baggit lik auld corduroy;
idder loves lik net coorteens
shaain mair as dey wir tryin ta hoid.
Ee love wis kiarr, rivin,
hit brunt an öt mi flesh.

Dis is da kind o love I'd lik:
a love lik bedclaes,
Irish linen, wan hunder percent,
slicht an strang,
smellin o nithin but fresh air an pooder:

sheets wi a riggy-bane
at dunna spret
whin I wip dem dagidder, a lang white rope,
slidder doon trowe da window, mak aff i da nicht.

Note: The original poem, in the anthology *Oxygen* from Seren Press, 2000, is entitled 'Defnyddiol'

---

cam: *came*; kirk: *church*; weemen; *women*; wir: *were*; bairns: *children*; ivver: *ever*; der: *their*; kyoderin: *insincere fondness*; haet: *warm*; birze: *squeeze*; coorse: *coarse*; wirsit: *wool*; brotches: *brooches*; widged: *turned uneasily*; bosies: *bosoms*; preens: *pins*; flooerin: *flowering*; blue-melt: *bruise*; apö *on*; ahint: *behind*; fyaarmin: *ingratiating*; baests: *animals*; soaroo: *sorrow, sadness*; soor: *sour*; greth: *urine*; flet: *scolded*; midder: *mother*; hit: *it*; fooivver: *however*; dan: *then*; A'm: *I've*; bön: *been*; noo an dan: *now and then*; saggit: *saggy*; baggit: *baggy*; idder: *other*; courteens: *curtains*; shaain: *showing*; mair as: *more than*; dey: *they*; hoid: *hide*; ee, wan: *one*; kiarr: *rough coir rope*; rivin: *ripping*; brunt: *burned*; öt: *ate*; dis: *this*; bedclaes: *bedding*; hunder: *hundred*; slicht: *smooth*; strang: *strong*; nithin: *nothing*; pooder: *powder*; riggy-bane: *backbone*; (d)at: *that, which*; dunna: *do not*; spret: *tear, burst, yield*; wip: *tie*; dagidder: *together*; slidder: *slide, shimmy*; trowe: *through*; aff: *off*

# Hit's no

*Translated from the English of Gael Turnbull*

Hit's no da size o da paets
nor foo mony
nor onythin kinda parteeclar
aboot der shape or der blueness
dat keeps a fire in

but i da wye, ithoot makkin a wark o hit,
you lift an turn dem, set dem, timely,
ta da haert o da fire
maistlins i da moarnin an at nicht
so as no ta laeve hit black fantin
or faa'n ta ess or smoored

sae hit is wi wir affection

tink tae slock hit if du wid
but dunna lat hit dee
for want o a coarn o ordinar care.

Note: The original poem, in *For Whose Delight* from Mariscat, 1995, is entitled 'It is not'

---

hit's no: *it is not*; da: *the*; paets: *peats*; foo: *how*; onythin: *anything*; kinda parteeclar: *particularly remarkable*; der: *their*; blueness: *calorific quality*; dat: *that*; wye: *way*; ithoot: *without*; makkin a wark o hit: *making a fuss*; dem: *them*; maistlins: *mostly, especially*; black fantin: *starving*; faa'n: *fallen*; ess: *ash*; smoored: *smothered*; wir: *our*; tink: *think*; slock: *extinguish*; du: *you (familiar)*; wid: *would*; dunna: *do not*; lat: *let*; dee: *die*; coarn: *little*

# Conjuring words

*i m Gael Turnbull, poet, 1928-2004*

*They shall mount up with wings as eagles; they shall run,*
*and not be weary. Isaiah, 40 v 31*

Today – so many Gaels: each from the same spring
of modesty, of graciousness, intelligence. Even now
he settles like a butterfly among us; a bright sun still
lighting him and the hills beyond, his final pathway.

There was always something of the conjurer about him:
busking the Royal Mile, top hatted; or minting meanings
from ordinary words; or sweeping us up in the absurd;
or paying each the compliment of complete attention.

Three images remain: a piper playing a lament, leading
the coffin to the graveside; a threat of morris dancers
from the faint tinkle of bells just as the hearse pulled away
and it was over. And the story of his childhood fidelity:

A journey with his little sister, but money for just one ticket,
and the young boy running, keeping up with the tram,
re-assuring her with his steady wave. That picture
imprinted lightly on our day, our journeying, this finality.

## **Luath** Press Limited

*committed to publishing well written books worth reading*

LUATH PRESS takes its name from Robert Burns, whose little collie Luath (*Gael.*, swift or nimble) tripped up Jean Armour at a wedding and gave him the chance to speak to the woman who was to be his wife and the abiding love of his life. Burns called one of *The Twa Dogs* Luath after Cuchullin's hunting dog in *Ossian's Fingal*. Luath Press was established in 1981 in the heart of Burns country, and is now based a few steps up the road from Burns' first lodgings on Edinburgh's Royal Mile.

Luath offers you distinctive writing with a hint of unexpected pleasures.

Most bookshops in the UK, the US, Canada, Australia, New Zealand and parts of Europe either carry our books in stock or can order them for you. To order direct from us, please send a £sterling cheque, postal order, international money order or your credit card details (number, address of cardholder and expiry date) to us at the address below. Please add post and packing as follows: UK – £1.00 per delivery address; overseas surface mail – £2.50 per delivery address; overseas airmail – £3.50 for the first book to each delivery address, plus £1.00 for each additional book by airmail to the same address. If your order is a gift, we will happily enclose your card or message at no extra charge.

**Luath** Press Limited
543/2 Castlehill
The Royal Mile
Edinburgh  EH1 2ND
Scotland
Telephone: 0131 225 4326 (24 hours)
Fax: 0131 225 4324
email: gavin.macdougall@luath.co.uk
Website: www.luath.co.uk